명랑한 정신과

별난 정신과 의사의
유쾌한 진료일지

윤우상 지음

명랑한 정신과

포르체

프롤로그

정신과 의사 생활한 지 삼십 년이 넘었다. 그 세월 동안 많은 환자를 만났다. 정신과 의사는 환자의 증상뿐 아니라 그 삶을 함께 만나야 하는 특별한 직업이다. 그들이 진료실로 가져 온 증상 뒤로 그들의 삶이 그림자처럼 길게 따라 들어온다. 그 삶은 힘들고 아팠다. 좌절하고, 후회하고, 억울해하고, 분노하고, 두려워하고, 슬퍼한다. 어찌 이런 운명이 있을까? 어찌 이런 인생이 있을까? 어떻게 견뎌낼 수 있을까? 어떻게 다시 일어설 수 있을까?

그래도 나는 그 삶 속에서 보일 듯 말 듯한 웃음을, 희망을, 용기를 보았다. 그리고 사랑도 보았다. 아주 작은, 작디작은 그

웃음과 희망이 모여 그들이 다시 일어날 힘이 되었을 것이다.

정신과 의사라는 직업은 특별하다. 자기만의 세상 속에서 사는 특별한 사람도 만나기 때문이다. 그들 중에는 정신병동이라는 독특한 환경 속에서 사는 사람도 있다. 뭇사람들은 그들을 불쌍하고 불행하다고 할지 모른다. 하지만 그들은 자기만의 세상 속에서 웃고 울고 사랑하고 미워하고 소망하고 실망하며 그렇게 절절하게 살아간다.

정신과 의사로 일하며 만난 삶은 아무나 쉽게 만날 수 있는 것이 아니다. 그들과 함께한 시간이 힘들었지만, 그들을 통해 나도 깨닫고 성장할 수 있었다. 그들 삶의 일부가 내 삶의 일부가 되었다. 그래서 내가 만난 그들 인생의 한 장면을 누군가에게 보여 주고 싶었다. 모진 운명과 힘든 삶을 살아내는 그들의 이야기를 들려주고 싶었다. 그 이야기 속에 희망과 사랑과 용기가 숨어있기 때문이다. 그래서 이 책을 쓰게 되었다.

여기에 나오는 에피소드는 모두 내가 직접 겪은 일이다. 물론 인물이나 이야기는 각색되었다. 내용을 더하기도 하고 빼기도 하고 섞기도 했다. 그래서 각 에피소드는 오롯이 한 인물의 이야기일 수도 있고 때로는 몇 사람의 이야기가 합쳐진 퓨전일 수도 있다. 그 과정에서 그들의 특별한 삶이, 그 이야기가 희화화되지 않도록 조심했다. 진심을 다해 내가 만난 그분들의 삶을 보여 주고자 애썼다.

  진료실에서 나는 그들과 함께 울어 주지 못했다. 나도 같이 힘들어하면 그들을 제대로 도울 수 없기 때문이다. 그저 안타까운 마음으로 마주했을 뿐이다. 어쩌면 이 글은 나에게 삶을 나눠 준 그들에 대한 고마움의 글이고, 그리고 함께 아파하지 못하고 제대로 도와주지 못해서 미안한 내 마음의 이야기라고도 할 수 있다.

  이 이야기가 우리 삶에 따스한 위안과 작은 사랑이 되었으면 한다. 힘든 삶을 살아 내는 우리 모두를 응원하고, 응원하고 또 응원한다.

윤우상 드림

목차

프롤로그 5

그곳, 이상한 나라
이상한 나라 12 | 지구를 구한 사나이 18
우리는 모두 환자다 26 | 누구나 살짝 미칠 때가 있다 28
정신과 의사의 필살기 34 | 가슴에 칼을 품은 사나이 39
개명은 어려워 45 | 이어폰을 낀 환자들 49

마음, 고맙고 미안하고
효녀, 머리카락을 뽑다 56 | 삶이 버거울 땐 공간을 바꾸자 62
골목길의 피해망상 66 | 예술치료, 사이코드라마 69
끝나지 않은 장례식 72 | 장남의 품격 86
코끼리 때문에 병 걸린 할아버지 92 | 노란 팬티 내기 99
검은 바바리코트를 입은 남자 105 | 총맞은 것처럼 가슴이 아파 110

사랑, 아프지만 괜찮아
면도칼을 삼킨 남자 116 | 땍땍이 수간호사 128
정신병동에도 봄이 왔어요 134 | 나쁜 사랑, 병든 사랑 140
내 딸의 피 한 잔 148 | 삑삑이 신발 158 | 운명이잖아요 167

인연, 우연인 듯 필연인 듯
칼잡이 정신과 의사 176 | 누구나 잊지 못할 이름 하나 갖고 있을까 182
할머니의 애인 194 | 풍뎅이 정신과 198
홀연히 사라진 한글 할아버지 206 | 정신과 의사의 술버릇 213
남편이 바람피우는 것 같아요 218 | 뺨 맞은 정신과 의사 224

삶, 함께 추는 춤
마음이 무너졌어요 230 | 당신이 하느님이라면 234
우리 엄마는 그때 왜 그랬을까 251 | 가짜 엄마, 진짜 엄마 257
쓸모없는 인간 268 | 실망은 있지만 절망은 없다 273
마지막 숨결 276 | 산다는 것은 뭘까? 281 | 천국도 빽 순입니다 284

에필로그 289

이상한 나라

나의 아침은 그들에게 둘러싸여 시작된다.
"외박 언제 보내 줘요?"
"곧 보내 줄게요."
"코로나 언제 끝나요?"
"이번 달에요."
"주치의 바꿔 주세요."
"생각해 볼게요."
"저는 바보인가요? 천재인가요?"
"천재 같은데요…."
"저 키 크고 싶어요."

"어이구, 많이 컸는데요."

내 가운을 붙잡고 한마디씩 한 그들은 또 자기 세상으로 돌아간다.

* * *

쾌청한 날씨다. 기분도 상쾌하다. 아침 회진을 돌았다. 501, 502호를 돌고 503호에 들어갔다. 이 방 환자들은 다들 차분하고 조용하다. 문제 되는 분이 없다.

침대에 앉은 A 환자는 늘 멀뚱멀뚱한 표정이다. 감정 표현이 거의 없어서 속세와 거리를 둔 도사 같은 분위기이다. 질문을 드리면 늘 "네." 혹은 "아니오."로 대답하거나 고개를 끄덕이는 정도다. 망상이나 환청은 있으나 말을 거의 안 하니 그 속은 잘 알지 못한다. A 환자에게 물었다.

"잠 잘 잤어요?"

늘 그러듯이 고개만 끄덕인다.

"아픈 데는 없어요?"

또 고개만 끄덕인다. 더 물어봤자 말 안 할 게 뻔하다. 그때 옆 침대의 B 환자가 한마디한다. 이 환자가 먼저 말하는 일은 거의 없는데 오늘은 예외다. B 환자는 손가락으로 A 환자를 가리키며 말했다.

"원장님, 걔 어젯밤에 바둑알 먹었어요."

"네? 바둑알요?"

A 환자를 쳐다봤다. 여전히 멀뚱멀뚱한 표정이다. 놀라서 물었다.

"몇 알 먹었어요? 한 알? 두 알?"

그래도 묵묵부답이다. 옆의 B 환자가 무심히 말했다.

"열네 알 먹었어요."

"네? 열네 알이나요? 정말이에요?"

그래도 A 환자는 대답은 안 하고 나만 멀뚱멀뚱 쳐다본다. 다시 옆 B 환자에게 물었다.

"아니, 열네 알 먹는 동안 왜 보고만 있었어요?"

그 환자가 무심하게 대답한다.

"몇 알 먹나 세어 봤어요."

"네? 뭐라고요? 아이고, 그걸 세는 사람이 어디 있어요? 말려야죠."

B 씨는 그걸 왜 말려야 하는지 모르겠다는 듯 나를 쳐다본다.

"A 씨! 안 되겠네요. 엑스레이라도 찍어 봐야죠. 자 이쪽으로 오세요."

그때 말 없던 A 환자가 들릴 듯 말 듯한 목소리로 말했다.
"안 찍어도 되는데…."
"왜요?"
"똥으로 나왔어요."
"네? 똥으로 나왔다고요?"
"네. 아침에요. 제가 세어 봤어요…. 열네 알이요."
"아이고, 정말…."
내가 물었다.
"그런데 바둑알은 왜 먹었어요?"
답이 없다.
"맛있어서요?"
답이 없다.
"소화가 되나, 안 되나 보려고요?"
답이 없다.
"설마 배고파서 먹은 건 아니죠?"
나를 멀뚱멀뚱 쳐다만 본다. 아이고 그만 물어보자. 이분들의 심오한 정신세계를 내가 어찌 다 알리오….

* * *

나는 정신과 의사다. 그래서 매일 이상한 나라로 출근한다. 아침에 일어나 피곤한 몸을 이끌고 꾸역꾸역 병원에 도착한다. 내 방에 앉아서 오늘 할 일을 살펴보고 휴, 한숨을 내쉰다. '오늘따라 예약으로 오는 초진이 많네…. 힘든 하루가 되겠어.' 터벅터벅 병동으로 올라가 폐쇄병동 문을 열고 들어가는 순간, 마법같이 이상한 세상이 나타난다.

그곳에는 하느님 아들도 있고, 노벨 평화상 수상자도 있고, 전직 대통령 양아들도 있고, 이소룡도 있고, 우주선 설계자도 있고, 지구를 구한 사람도 있다. 그들이 한곳에 모여 아웅다웅하면서 산다. 그들은 자기만의 새로운 세상을 창조했다. 비록 몸은 정신병동에 있지만 세계평화를 위해 애쓰고, 지구를 구하고, 우주를 다스린다. 그들은 자기가 만든 세상을 한 치의 의심 없이 믿고 있다. 믿는 정도가 아니라, 온몸과 온 마음을 다해 그 속에서 산다.

그리고 나는, 그들의 세상을 깨부수려고 이곳에 왔다. 그들의 환상 세계를 깨부수고 우리들의 정상 세계로 데리고 오는 게 나의 임무다. 하지만 번번이 실패한다. 내가 부수려고 할수록 그들의 성은 더 굳건하고 복잡해진다. 그들은 흔들리지 않는다.

그들은 어떻게 노벨 평화상 수상자가 되었고 어떻게 하느님 아들이 되었고 어떻게 지구를 구할 수 있었을까? 어떻게 그런 세계관을 형성했을까? 그리고 바깥사람들이 그들의 세상을 깨부수려 해도 어찌 그리도 굳건히 자신의 세계관을 지킬 수 있을까? 그들은 누구인가? 그들은 이상한 사람들인가? 병든 사람들인가? 아니면 비밀리에 지구로 침투한 우주인인가?
  나는 그들과 함께 30년을 살아왔다. 그들 세상을 부수지는 못하고 점점 그들에게 포섭되는 것 같다. 세월이 흐르면서 나도 그들의 세계관에 조금씩, 조금씩 물들어 간다.

지구를 구한 사나이

"원장님 저 법정 구속되면 어떻게 하죠?"

일주일 뒤에 재판을 받는 만재 씨가 불안하게 묻는다.

"걱정하지 마세요. 제가 탄원서도 냈으니 절대 구속될 일 없어요. 안심하세요."

"그래도 걱정돼요. 성추행 사건이잖아요."

만재 씨가 너무 심하게 불안해한다. 이런 상태로 재판이나 받을 수 있을지 모르겠다. 안 되겠다.

"걱정하지 마세요. 제가 재판에 같이 갈게요."

"원장님이 같이 가시게요?"

"네. 제가 가서 우리 병원에 입원해 있는 환자니까 구속은 하지 말아 달라고 제가 이야기할게요. 그럼, 절대 구속 안 돼요."

"원장님이 같이 가 주실 거죠? 정말이죠?"

안심이 됐는지 재차 확인한다.

"네, 약속할게요."

만재 씨는 20년 넘게 조현병을 앓고 있는 40대 중반의 남성 환자다. 그는 하느님 아들이다. 진짜 하느님 아들인지는 모르겠지만 본인이 하느님 아들이라고 한다.

"하느님 소리가 들려요. 제가 하느님 아들이라면서 많은 이야기를 해 줘요. 그중에 무조건 따라야 하는 명령이 있어요. 지구를 지키라는 명령이에요. 지구를 지키려면 '왁꾸'를 맞춰야 한대요. 하느님이 시키는 대로 따라 하는 게 왁꾸를 맞추는 거예요. 안 하면 지구가 망하고 저도 벌 받아요."

이것이 만재 씨의 주 증상이다. 퇴원해서 약을 잘 먹으면 문제가 없는데 약을 중단하면 어김없이 재발한다. 이번에도 그랬다. 만재 씨가 집에 있을 때, 또다시 왁꾸를 맞추라는 환청이 들렸다. 이전까지 왁꾸를 맞추라는 명령은 그리 위험하지 않았다. 전봇대를 발로 몇 번 차라, 도로를 왔다갔다 다섯 번 해라, 삼일을 굶어라 같은 내용이었다.

그런데 이번 명령은 심각했다. 바지를 내리고 엉덩이춤을 추라는 환청에 만재 씨는 길거리에서 바지를 홀라당 내리고 엉덩이춤을 췄다. 그리고 앞에 걸어가는 여성의 엉덩이를 툭 치라는 지시에 여성 뒤로 가서 엉덩이를 손으로 툭 쳤다. 여성이 놀라서 112에 신고했고 만재 씨는 현행범으로 잡혔다. 가족이 경찰에게 사정을 이야기한 덕분에 우선 병원에 입원할 수 있었지만, 만재 씨는 성추행과 공연음란죄로 기소되었다.

* * *

재판 날이다. 재판정에 들어가기 전에 만재 씨는 불안해하면서 화장실을 들락거렸다. 담당 국선 변호사는 오늘 범죄 사실을 인정하면 다음 선고 때 집행유예가 나올 것 같다고 했다. 만약 사실을 인정 안 하면 괘씸죄나 재범 우려 등으로 판결이 불리해질 수 있다고 설명했다. 나는 만재 씨에게 판사가 물어보면 잘못했다고 선처 바란다는 이야기만 하라고 특히 주의를 주었다. 만재 씨는 줄곧 불안해했다.

재판에서 CCTV 증거 영상을 보여주었다. 이어서 판사는 만재 씨에게 마지막으로 할 말이 없는지 물었다. 그저 잘못했다고 하고, 입원해서 치료 잘 받겠다고 선처를 부탁하면 그만이었는데 불안한 만재 씨가 갑자기 엉뚱한 말을 하기 시작했다.

"판사님 저는 성추행을 안 했습니다. 그건 하느님이 시켜서 왁꾸를 맞춘 거지 성추행이 아닙니다. 억울합니다. 정말 억울합니다."

국선 변호사는 당황했다. 판사가 잠시 생각하더니 말했다.

"피고가 인정을 안 하고 이의를 제기하니 다음 재판에서 다시 심리하겠습니다. 다음 재판은 ○월 ○일 ○시입니다. 이상입니다."

쾅쾅! 판사봉 소리가 울리고 우리는 재판정을 나왔다.

"아니, 만재 씨 왜 그랬어요. 그냥 인정하고 빨리 끝내야죠."

"아니 성추행이라고 해서 아니라고 한 건데요. 제가 뭐 잘못했나요? 정말 저는 성추행한 게 아니잖아요."

국선 변호사가 말했다.

"어쩔 수 없습니다. 피고가 인정을 안 했으니 다시 재판을 해야 하는데, 상황이 더 안 좋아졌습니다. 그냥 인정하셨으면 좋았을 텐데…."

* * *

한 달이 지났다. 다시 재판 날이 다가왔다. 만재 씨가 더 불안해한다. 어떻게 말하면 좋겠냐고, 왁꾸 이야기를 해야 하는지 하지 말아야 하는지 헷갈린다고 한다. 아이고, 그놈의 왁꾸….

A4 용지에 이렇게 말하라고 써 주었다. 그리고 재판 날 판사가 물어보면 다른 말은 하지 말고 종이에 적혀있는 대로 읽으라고 신신당부했다.

다시 재판이 시작되었고 검사는 똑같이 징역 1년을 구형했다. 판사가 만재 씨에게 마지막으로 할 말이 없냐고 물었다. 만재 씨가 불안한 듯 나를 쳐다봤다. 나는 종이를 읽으라는 신호로 고개를 끄덕였다. 또 왁꾸 이야기하면 안 되는데…. 만재 씨는 손을 떨면서 내가 준 종이를 펼치더니 떠듬떠듬 읽기 시작했다.

"제, 제가 저지른 일을 인정합니다. 제, 제가 환청이 들립니다. 환청이 지구 종말을 막아야 한다고 해서 정신없이 시키는 대로 했던 것 같습니다. 지금 정신병원에 입원해서 치료받고 있습니다. 다시는 그런 일이 없도록 치료 잘 받겠습니다. 서, 선처 바랍니다."

판사가 병원 관계자가 와 있는지를 물었다. 변호사가 주치의 선생님이 와 있다고 했고 방청석에 앉아 있던 내가 손을 들었다. 판사는 고개를 끄덕이면서 알았다고 하고 선고 일을 정해 주었다.

재판정을 나왔다. 만재 씨가 다음 재판에서 법정 구속되지 않을까 걱정한다. 오늘 만재 씨가 대답을 잘해서 절대 그럴 일 없다고 안심시켰다. 한 달 뒤 선고 재판에서는 집행유예 2년을 선고했다. 만재 씨는 감옥에 안 가게 됐다며 기뻐했다.

* * *

재판이 끝나고 며칠이 지났다. 만재 씨 표정이 별로 좋지 않다. 뭔가 고민하는 모습이다.
"만재 씨, 뭔 일 있나요? 표정이 안 좋네요."
"아닙니다. 괜찮습니다."
만재 씨가 대답을 안 한다. 일주일 정도 지나자 만재 씨 표정이 다시 밝아졌다.
"어? 요새는 기분이 좋으신가 봐요."
"네. 하느님과 화해했습니다."
"네? 화해요?"
"네. 제가 고민을 많이 했어요. 하느님이 왜 제게 감옥에 갈 행동을 시켰는지요. 옛날 ○○ 병원에 있을 때 주치의 선생님이 그 목소리는 하느님 소리가 아니라 사탄의 소리라고 했는데 그게 정말인지 헷갈리는 거예요. 물론 사탄의 소리가 아니라는 건 알지요. 제가 20년을 들었는데 그거 하나 구분 못 하겠어요?

그런데 알았어요. 하느님이 저한테 마지막 시험을 하신 거예요. 하느님이 제일 어려운 일을 시키고 내가 하나 안 하나 시험하신 거예요. 그런데 내가 해냈잖아요. 이제 하느님이 그런 시험 안 하신대요. 그리고 하느님이 미안하다고 했어요. "만재야, 이제 그런 심한 일 안 시킨다. 미안하다." 하고요."

"하느님이 미안하다고 해요?"

"네. 정말이에요. 그건 느낌으로 알아요. 그래서 나도 하느님과 화해하기로 했어요. 이제 마음이 편해졌어요."

만재 씨도 나름대로 하느님의 소리에 대해 고민을 많이 하고 있었다. 많은 환자들이 그런다. 어떤 환자는 욕하는 환청은 사탄의 소리로, 그 외의 환청은 하느님의 소리로 분리해서 듣는다. 우리는 그들의 생각을 허황된 망상이라 하지만 그들의 세계관이 한순간에 만들어진 것은 아니다. 그들은 치열하게 고민한다. 의심하고 다시 믿고, 부족하면 또 다른 증거를 찾아 보충하고, 불안하면 새로운 해석으로 보완한다. 그렇게 자신의 세계를 만들어 간다. 그래서 누구도 부술 수 없고 누구도 침범할 수 없는 단단하고 완전한 자신만의 세상을 만든다.

그런데, 이 세상 그 누가 알까? 지구별, 대한민국, 어느 시골 병원 구석 침대에서 온몸과 온 마음으로 지구를 지키는 한 사람이 있다는 것을. 남들은 미쳤다고 하겠지만 그분은 진심이다. 그가 하느님의 절대명령에 따라 인생을 걸고 지구를 지키고 있다는 건 명백한 사실이다. 또 모르는 일이다. 그분이 지구를 지키고 있어서 아직 지구가 멸망하지 않고 있는지도….

어느 날, 내가 말했다.

"만재 씨, 이번에는 지구 지키라는 소리 들려도 왁꾸를 맞추지 말아 봐요. 어떻게 되는지 보게요. 정말 지구가 멸망하는지 말이에요."

만재 씨가 이상하다는 듯이 나를 쳐다본다.

"원장님, 지구 종말을 막는 건 한 번 해 보고 말고 할 게 아니잖아요. 지구가 망하는데, 망하는지 안 망하는지 한 번 해 보라는 게 말이 되나요?"

음. 그건 그러네. 나는 더 이상 대꾸할 수 없었다.

우리는 모두 환자다

"We are all patients! 우리는 모두 환자야."는 내가 정신과 전공의 1년 차로 들어갔을 때 3년 차 선배가 해 준 말이다.

"우리 머릿속에는 나만의 색안경이 있어. 살아오면서 저절로 생긴 거지. 내 머릿속 안경이 빨간색이면 하얀 세상을 빨갛게 보고 세상은 빨갛다고 믿고 살아가지. 이런 게 투사(projection)야. 내 꼴대로 세상을 보는 거야. 바깥세상의 진실은 상관없고 내가 보는 게 진실이 되는 거지. 투사는 한마디로 망상이지."

그때는 초짜라서 그럴듯한 말이라고만 생각했다. 그러다 수련 받으면서 확실하게 알게 되었다.

세상이 동그란데 나는 세모라 하고 누구는 네모라 하고 누구는 별 모양이라 한다. 각자 자기가 본 세상이 맞다며 우기고 싸운다. 진실은 어디 가고 망상의 싸움만 한다. 내가 정상이라고 생각하지만, 사실은 착각 속에 살고 있을 수 있다. 내가 보는 세상은 모두 내가 만든 투사의 세상이기 때문이다.

* * *

내가 정신의학을 배울 때는 좀 독특한 애들이 정신과에 지원한다는 편견이 있었다. 전공의 수련 받을 때, 교수님도 농담처럼 이런 이야기를 들려주었다.

"정신과 의사 하려는 사람을 크게 세 부류로 나누면 하나는 휴머니즘이 강한 사람이고, 또 한 부류는 가족 중에 정신과 치료를 받는 사람이 있는 것이고, 그리고 마지막은 자기가 정신적으로 문제가 있어서 온 사람이지."

그 말을 들을 당시에 나는 당연히 휴머니즘이 강한 사람에 해당한다고 생각했다. 그런데 정신과 의사를 하다 보니 내게도 정신적인 문제가 상당했다. 아마 무의식적으로 내 문제를 해결하기 위해 정신과에 지원하지 않았을까? 여하튼 'We are all patients!'는 지금도 나를 성찰하게 하는 중요한 문장이다.

누구나 살짝 미칠 때가 있다

 나는 매일 미친 사람들과 살고 있다. 그렇다면 '미쳤다'의 정확한 뜻은 뭘까? 미쳤다는 건 한마디로 '현실 판단 능력이 없는 것'이다. 현실 판단 능력이 없다는 건 '내부 세계'와 '외부 세계'를 구분 못 하는 거다. '내부 세계'는 자기 안에서 일어나는 일이고, '외부 세계'는 자기 밖에서 일어나는 일이다. 어떤 일이 내 안에서 일어나는지 바깥에서 일어나는지 구분을 못 하는 게 미친 거다.

 정신병동에서 가끔 일어나는 일이다. 욕하는 환청이 들리는 여자 환자가 난데없이 간호사 뺨을 찰싹! 소리가 나게 때렸다. 그러면서 하는 말이 "야! 너 왜 나한테 욕해? 너 나한테 미친년이라고 욕했지?"라고 한다. 놀란 간호사가 "아니에요~ ○○ 씨 한테 욕한 적 없어요. 그거 환청이에요. 당신 머릿속에서 들리는 거예요." 하고 진정시킨다. 그러면 환자는 뭐라 그럴까? "야! 너 나한테 욕해 놓고, 나보고 미친년이라 그래?"라면서 머리채 잡고 싸우려고 한다.

이처럼 환청은 자기 내부에서 일어난다. 자기 머릿속에서 욕하는 소리가 들리는 것이다. 환자는 내부 세계에서 일어나는 일과 외부 세계에서 일어나는 일을 구분하지 못 한다.

피해망상도 마찬가지다. 누가 나를 미행하고 집에 도청 장치해 놓고, 내 스마트폰에 해킹 장치를 해 놨다고 한다. 미국 CIA 짓이라고 믿는다. 자기 머릿속, 즉 내부에서 만든 생각이지만 외부에서 실제로 일어난다고 굳게 믿는다. 아무리 설득해도 소용이 없다. 미친 것이다. 그런데 이런 미친 상태가 우리 생활에서도 자주 나타난다.

중학교 국어 선생님이 있다. 잘생긴 총각 선생님이라 여학생들에게 인기가 많다. 한 여학생이 국어 선생님을 짝사랑하게 됐다. 수업 중에 자기를 보는 선생님의 눈빛이 유난히 반짝이는 것 같다. '나를 보는 눈빛이 다른 걸 보니 선생님이 나를 예뻐하나 봐.' 그래서 선생님이랑 눈이 마주치면 자기도 뭔가 메시지를 담은 눈빛을 보낸다. 이미 통하기 시작했다고 착각한다.

발렌타인데이였다. 국어 선생님이 "오늘은 발렌타인데이니까 선생님이 너희들한테 사랑의 시를 하나 읽어 줄게." 하고 시 한 편을 읽어 주었다. 그런데 얘는 선생님이 자기한테 보내는 사랑의 메시지라고 생각한다. 이 학생이 너무 기분이 좋아서 친구에게 속 이야기 했더니 친구들이 "너 미쳤니?"라고 했다. 그 말 듣고 여학생은 정신이 들었다. 다행이다. 정신 안 차리고 매일 선생님 책상에 꽃 사다 놓고 스토커처럼 선생님 쫓아다니면 어쩔 뻔 했을까.

* * *

글 쓰다 보니 갑자기 생각난다. 옛날에 어떤 병원에서 근무할 때 어떤 간호사한테서 문자를 받았다. 그 당시 나는 젊은 유부남이었다.

[선생님, 선생님 마음을 제가 받아 줄 수 있습니다.]

우잉? 뜬금없이 왜 내 마음을 받아준다는 거지?

[이게 무슨 소리예요?]

[선생님도 아실 것 같은데요….]

원 세상에…. 그제야 알아채고는 문자를 보냈다.

[혹 뭔가 오해가 있으신 것 같은데요. 저는 간호사 선생님과 아무 관계도, 생각도 없습니다.]

그 뒤에 어떻게 됐을까? 아무 일도 없었다. 나도, 그녀도 이 일에 대해서 침묵했다. 문자를 주고받기 전과 같이 그저 일상적으로, 아무 일 없었다는 듯이 지냈다. 나도 모른 척 넘어가는 게 좋겠다고 생각했다. 대놓고 물어봤자 그녀가 뭐라고 대답하겠는가? 혹 그녀가 먼저 이야기를 꺼낸다면 몰라도.

왜 그녀는 그런 착각을 했을까? 그녀는 나의 말투, 눈빛, 행동에서 어떤 사인을 받았을까? 그 사인을 모으고 모아 윤우상 샘이 자기를 좋아하는 것이라고 확신했을까? 이유는 알 수 없지만, 확신이 들자 몇 날 며칠을 고민하다가 용기 내어 문자를 보냈을 거다. 그리고 나의 사무적인 답 문자에 확신의 증거는 조각났을 거고, 그녀의 세상 속에서 창조된 윤우상과의 관계도 깨졌을 것이다.

누구나 나만의 세상을 갖고 있다. 내가 만든 세상이다. 내 세상과 바깥세상은 자주 어긋나고 부딪힌다. 나만의 세상을 고집할 수도, 그렇다고 나의 세상을 버리기도 쉽지 않다. 그래서 사는 게 복잡하다. 그래서 인생은 재미있다.

* * *

  우리는 늘 정상과 비정상의 경계선에서 오락가락한다. 정상과 비정상을 가르는 경계선이 '관계사고'다. 나랑 관계가 없는 일인데 나랑 연관 지어서 뭔가 있는 것처럼 해석하는 거다. 국어 선생님이 시를 읊어 준 행동을 자기와 연관시켜 사랑에 빠지는 것도, 간호사가 나의 어떤 미소를 자신에 대한 호감으로 연관시키는 것도 모두 관계사고 때문이다. 관계사고는 인간이라면 누구나 하는 습관적인 사고방식이다. 관계사고 때문에 우리는 하루에도 여러 번 정상과 비정상을 오락가락하면서 살고 있다. 누구나 때때로 살짝 미쳤다가 제정신으로 돌아온다.

  여기에 중요한 사실이 숨어 있다. 정신적인 문제는 질적인 문제가 아니라 양적인 문제라는 거다. 증상이 있다, 없다가 아니라 어느 정도냐가 문제가 된다. 여학생이 정신 차리라는 친구의 말에도 아랑곳하지 않고 선생님을 쫓아다닌다면 어떻게 될까? 간호사가 나의 냉담한 문자를 보고도 어떻게 먼저 꼬리 쳐 놓고 이제 와서 그럴 수 있냐고 따진다면 어떨까?

  우리에게 문제가 있다고 해도 남들에게 드러날 정도가 아니기에 멀쩡하게 살고 있을 뿐이다. 정신병뿐만 아니라 불안증이나 우울증도 마찬가지다. 누구나 갖고 있다. 그 정도가 나를 힘들게 하고 남을 괴롭힐 때 문제가 된다.

정신적인 문제는 특별한 사람들만 갖는 게 아니라 우리 모두 갖고 있다. 나도 큰 문제없이 아슬아슬하게 살고 있지만 언제든지 비정상으로 넘어갈 가능성이 있다.

돌아보면 'We are all patients'라는 문장은 정신과 의사의 길을 가는 데 좋은 지침이었다. '나도 그런 문제가 있는데 저 사람은 나보다 더 힘들겠구나' 하는 동병상련을 느꼈고, 나도 가진 증상이니 아무래도 더 잘 알고 더 공부하게 되었다. 그래, 너도 환자, 나도 환자, 우리 모두 환자다. 때로 내가 더 힘들고 때로 네가 더 힘들고 할 뿐이다. 그러니 서로 이해하고 위로하고 격려하면서 힘든 세상 함께 헤쳐 나가는 거지.

정신과 의사의 필살기

정신과 전공의 1년 차를 시작한 지 한 달도 안 됐을 때다. 당직 날인데 환자 한 명이 상태가 안 좋다. 오후부터 이유 없이 큰 소리로 화를 내고 주먹으로 벽을 한 번씩 쾅쾅 치고 눈빛도 날카로웠다. 3년 차 선배가 퇴근하면서 그 환자 상태가 안 좋으니 잘 보라고 주의를 주고 갔다.

나는 조금 긴장이 되었다. 그 환자는 키가 180센티미터에 몸무게도 100킬로그램 나갈 정도로 덩치가 컸다. 게다가 오늘 밤에 같이 근무하는 보호사는 나처럼 병원 근무한 지 한 달도 안 된 20대 후반의 초보자이고 덩치도 작은 편이었다. 나는 그 보호사에게 환자가 흥분하거나 공격적인 태도를 보이면 우리가 먼저 제압하자고 했다. 미리 막지 못하면 통제하기 어려우니 내가 사인을 주면, 동시에 달라붙어 제압하기로 했다.

소동은 저녁 투약 시간에 일어났다. 줄 서서 기다리던 그 환자가 갑자기 소리를 지르면서 욕하기 시작했고 주먹으로 테이블을 쾅쾅 쳤다. 줄 서 있던 환자들이 웅성거리면서 슬금슬금 뒤로 빠졌다. 행동이 더 과격해지기 전에 제압해야 했다.

환자가 씩씩거리고 있을 때 나는 보호사에게 지금 시작하자고 눈짓했다. 우리 둘은 환자 양옆으로 가서 "왜 이렇게 흥분하시냐?"라는 말과 함께 나는 환자의 오른팔을, 보호사는 왼팔을 꽉 붙잡았다. 환자가 놀라서 눈이 동그래지더니 소리치면서 팔을 빼려고 휘젓기 시작했다. 거구의 환자가 팔을 휘두르자, 보호사가 그만 팔을 놓치고 말았다. 나는 몸을 밀착시키면서 팔을 놓치지 않으려고 더 꽉 붙잡았다. 그런데 환자는 자유로워진 왼손으로 나의 머리통을 때리기 시작했다. 고개를 숙여서 피하려 했지만, 망치 같은 손이 정수리 위로 쿵쿵 떨어졌다.

으악! 아프다! 그래도 팔을 놓을 수 없었다. 나마저 팔을 놓치면 환자는 완전히 흥분상태로 의자나 대걸레 자루를 들고 난리를 칠 것이다. 그렇게 대치 상태가 되면 제압할 수도 없고 위험해진다. 머리통을 쿵쿵 맞으면서 나는 보호사에게 소리쳤다. "빨리 잡아! 빨리 잡아!" 그런데 그 보호사는 그저 어쩔 줄 모르고 보고만 있다. 허공에서 내 머리를 쿵쿵 내리치는 두꺼운 팔을 무슨 수로 잡을 수 있단 말인가! 나는 마치 헤드록 당한 상태에서 머리통을 쥐어 터지고 있는 판이었다.

쿵! 쿵! 머리통이 울렸다. 정신이 아찔했다. 팔을 놓아야 하나 말아야 하나 갈등했지만 버텼다. 여기서 놓치면 큰일이다. 환자는 그 큰 주먹으로 더 세게 내 머리통을 내리쳤다. 쿵! 쿵! 쿵! 쿵! 악! 더 이상 못 참겠다!

그때였다. 남자 환자 서너 명이 용감하게 나서서 때리는 환자의 팔을 잡았다. 그러자 보호사도 환자의 팔을 다시 잡았다. 환자들까지 달라붙어서 낑낑거리며 씨름하고 있자, 응급 호출을 받은 경비 아저씨들이 왔다. 그들 도움으로 겨우 환자를 침대에 눕히고 양 팔목을 끈으로 묶고 진정제 주사를 놓았다. 상황은 종료되었다.

"선생님 미안해요. 팔을 놓쳐서."

젊은 보호사가 멋쩍게 말한다. 누구는 놓치고 싶어서 놓쳤을까. 머리가 아픈지 안 아픈지도 모르고 있었는데 간호사가 묻는다.

"선생님 머리는 괜찮아요?"

"머리요?"

"혹 같은 거 안 났을까요? 세게 맞은 것 같은데."

손을 머리통으로 올려 쓰다듬었다. 혹은 안 났다.

"괜찮은 것 같은데요."

말은 그리 했지만 많이 아팠다. 그래도 속으로 자기 위안을 했다. 간호사가 나를 용감한 사람이라고 생각하겠지. 그렇게 맞고 있으면서도 팔을 안 놓고 있었으니. 외롭게 두들겨 맞은 나를 위로했다.

* * *

다음 날이다. 어제 일을 3년 차 선생님께 보고했다. 환자가 공격적인 행동을 해서 제압했고 아침에는 안정된 상태라고. 머리통 맞은 이야기는 쪽팔려서 하지 않았다. 그런데 오전 회진이 끝났을 때 3년 차 선배가 나를 부르더니 약간 놀란 표정으로 물었다.

"너 어제 그 환자에게 속수무책으로 맞았다면서?"

간호사실에서 어제 있었던 일을 들었나 보다. 속수무책이라니…. 뻔하다. 어리바리한 1년 차가 머리통 맞는 장면을 고참 간호사들이 신나서 떠벌렸을 것이다.

"아, 네…. 보호사가 팔을 놓쳐서 어쩔 수 없었어요."

선배가 어이없다는 듯이 말한다.

"너? 팔자 꺾기 몰라?"

"네? 팔자 꺾기요?"

"너 아직 안 배웠어?"

"네? 그게 뭔데요?"

"이런! 1년 차 당직 세우면서 팔자 꺾기도 안 가르친 거야?"

3년 차 선배가 정신과 레지던트는 필수로 알고 있어야 한다면서 나를 상대로 직접 시범을 보였다.

"자, 잘 봐. 우선 상대방의 등 뒤에서 양쪽 겨드랑이 사이로 팔을 끼워 넣어. 그리고 끼워 넣은 팔을 상대의 목뒤로 올려서 깍지를 끼고, 목을 아래로 세게 누르는 거야. 이렇게. 만약에 힘에 부치면 환자 다리를 걸어서 넘어뜨리는 거야. 같이 넘어지는 거지. 넘어진 상태에서도 팔자 꺾기를 유지해야 하고. 넘어지면 환자는 더 힘을 못 쓰거든. 그렇게 다른 사람들이 올 때까지 시간을 버는 거지."

선배가 가르쳐 준 팔자 꺾기는 두들겨 맞은 뒤에 온몸으로 배운 기술이라 잊을 수가 없었다. 그 이후로 팔자 꺾기는 나의 정신과 의사 생활에서 필살기가 되었다.

가슴에 칼을 품은 사나이

전공의 수련을 마치고 전문의가 되었다. 군대 대신으로 지방에 있는 국립정신병원에 공중보건의로 발령받았다. 근무한 지 한 달도 안 되어서 아직 누가 누군지, 어디가 어딘지, 모든 게 어설펐을 때의 일이다. 외래 간호사한테서 전화가 왔다. 그날은 내가 외래 보는 날이 아니었다.

"선생님, 조금 있다가 환자가 올 건데요, 그 환자 아버지가 전화하셨어요. 환자가 안주머니에 칼을 갖고 있다고요."

"네? 칼이요? 그리고 저 오늘 외래 아닌데요."

"네. 알고 있어요. ○○ 의료 과장님이 자기는 무서워서 그 환자를 못 보겠다고 선생님께 부탁하래요."

"네? 왜 저한테요?"

"저도 모르죠. 아버님은 환자가 폭력적이고 상태가 안 좋아서 꼭 입원시켜야 한대요."

그 의료 과장님은 이 병원에 오래 근무한 나이 좀 있으신 분이다. 환자가 칼을 갖고 있다고 하니까 겁이 나셨을 것이고, 그래서 병원 상황을 잘 모르는 젊은 의사에게 떠넘기려던 것 같았다. 멋모르는 나는 환자를 보라면 그냥 봐야 하는 줄 알았다.

"네. 알겠어요. 환자 오면 전화 주세요."

대답은 했지만, 겁도 났고 어떻게 할지 고민도 되었다. 아버지는 입원을 시킬 작정으로 환자를 데리고 올 건데, 환자에게 입원하자고 하면 어떤 일이 벌어질지 모른다. 정말 칼을 갖고 있으면 어떻게 하지? 남자 직원들을 미리 불러 놓고 대기시키자니 환자가 더 위협을 느껴서 안 될 것 같았다. 일단은 부딪혀 보자.

외래 간호사에게서 '그 환자'가 왔다는 전화를 받았다. 수화기를 내려놓는데, 온몸에 소름이 싹 스쳤다. 긴장된 상태로 외래로 갔다. 환자가 아버지와 함께 대기실 의자에 앉아 있다. 환자는 힐끗 내 얼굴을 쳐다 봤고, 옆에 있던 아버지가 나를 보더니 눈짓으로 신호한다. 뭔 눈짓인지 모르겠다. 칼을 숨기고 있다는 것인지, 꼭 입원시켜달라는 것인지.

* * *

진료실에서 환자를 만났다. 정말 심상치 않은 환자였다. 두리번거리는 눈빛이 뭔가 의심으로 가득 차 있고 여차하면 폭발할 듯이 화가 난 표정이다. 환자의 가슴께를 슬쩍 쳐다 보았다. 뭔가 두툼한 게 보이는 것 같기도 했다. 나는 아무것도 모르는 척하면서 최대한 친절하게 물었다.
"지내시는 건 어때요?"
환자는 아무 대답도 안 하고 나를 뻔히 쳐다본다. 긴장이 고조된다.
"약 타러 오셨나요?"
환자는 나를 뻔히 쳐다보더니 네, 하고 대답했다. 이어서 짧게 잘라 말했다.
"입원 안 해요."
나도 단호하게 말하는 환자 면전에 대고 입원해야 한다고 말할 용기는 없었다. 입원시킬 자신도 없었다.
"네. 입원하기 싫으면 하지 말아야죠. 그러면 약만 타 갖고 가세요."
면담이라고 할 게 없었다. 나도 빨리 이 시간을 모면했으면 했다. 그렇게 환자가 진료를 끝내고 일어서려는데, 문 뒤에 숨어서 지켜보던 아버지가 안 되겠다 싶었는지 갑자기 진료실로 들어와 소리쳤다.

"너 입원해야 돼! 선생님 애를 입원시켜 주세요!"

환자는 뒤돌아서 아버지를 향해 "입원 안 해!" 하면서 화를 냈고, 벌떡 일어나더니 나를 보고 단호하게 말했다.

"나 입원 안 해요!"

입원하라고 하면 큰일 내겠다는 눈빛이었다. 나는 놀라서 손사래까지 치면서 환자를 안심시켰다.

"아, 네. 네. 입원 안 시켜요. 걱정하지 마세요. 그냥 약만 타 가지고 가세요."

물론 나도 입원시키고 싶다. 환자는 약도 안 먹을 거고, 상태는 더 악화될 거고, 무슨 사고라도 칠 수 있고, 다시 병원에 데리고 오기는 더욱 어렵다. 하지만 가슴에 칼을 품고 왔다는 환자를 내가 어찌 대놓고 입원하라고 할 수 있을까.

환자가 돌아서 진료실을 나가고 아버지는 나를 쳐다 봤다. 그 눈빛은 그냥 보내면 안 된다는, 제발 부탁한다는, 그리고 원망스러운 복잡한 눈빛이었다. 이 상태로 집에 가면 아버지를 비롯한 가족들은 속수무책으로, 아들이 무슨 짓을 저지를까 벌벌 떨면서 하루하루를 보낼 것이다. 상태가 악화되어 큰 사고를 치고 뉴스에 나올 수도 있는 상황이었다.

안 되겠다. 이대로 환자를 보내는 것도 마음에 걸린다. 어떻게 할 것인가! 아버지는 발을 동동 구르고 환자는 복도를 걸어가고 있었다. 그 등 뒤를 바라보는 순간, 나는 마음먹었다. 어쩔 수 없다. 필살기를 쓰자.

나는 빠르게 쫓아가서 걸어가는 환자의 등 뒤에 달라붙었다. 곧 그의 겨드랑이 사이로 내 양팔을 빠르게 집어넣고 목 뒤로 손깍지를 끼고 목을 아래로 힘껏 눌렀다. 팔자 꺾기다! 환자는 갑자기 당한 공격에 놀라 목을 숙인 채 빠져나오려고 요동쳤다. 깍지 낀 손이 풀릴 듯한 강한 힘이었다. 어쩔 수 없다. 나는 환자의 다리를 걸어 넘기면서 같이 바닥에 넘어졌다. 팔자 꺾기를 유지한 상태로 함께 복도에 나뒹굴었다. 환자는 "놔! 새끼야!" 하고 소리치면서 빠져나오려고 버둥거리고 나는 온 힘을 다해서 깍지를 유지했다.

뒤따라 나온 아버지와 간호사가 소리쳤다.

"여기 도와주세요! 여기 도와주세요!"

근처 행정 직원들이 달려왔다. 그런데 왔으면 빨리 환자를 제압하는 일을 도와줘야 하는데 멍하니 바라보고만 있다. 아마 흰 가운 입고 이상한 자세로 환자와 바닥에 뒹굴고 있는 의사를 보고 놀랐는지 모르겠다. 직원들이 정신을 차리고 달라붙어 환자의 팔다리를 붙잡았다. 내가 누운 채로 소리쳤다.

"칼! 칼이 있어요! 가슴에요!"

한 직원이 얼른 환자 윗옷의 지퍼를 내리고 안쪽 가슴에서 뭔가를 꺼냈다. 신문지로 싼 부엌칼이었다. 정말 칼이 있었다. 입원시킨다고 하면 찌를 생각이었나. 직원들이 환자를 붙들고 병실로 데리고 간 뒤에도 나는 복도에 힘없이 주저앉아 있었다. 필살기를 여기서 쓸 줄이야.

* * *

그 일이 있고 난 뒤에 나는 속으로 병원 직원들이 나를 용감한 의사로 볼 거라고 생각했다. 실제 나에게 용감하다고 말 한 사람은 한 명도 없었지만 혼자 자뻑 하면서 낯선 병원에서 의기양양하게 잘 적응해 나갔다.

아, 참. 그 환자는 병원에 입원해서도 일주일 동안 공격적으로 행동해서 많이 힘들었다. 하지만 수개월 입원하면서 증상이 안정되었다. 퇴원 후에도 순한 양처럼 외래 치료를 잘 다녔다. 그 환자나 나나 팔자 꺾기에 대해서는 서로 언급하지 않았다.

개명은 어려워

　구청 공무원인 30대 청년이 진료받으러 왔다. 자기가 피해망상이 있는 것 같다고 한다. 버스를 타고 가면 검은색 그랜저 차가 쫓아 오고 길을 걸으면 사람들이 미행하고, 집에는 누군가 도청 장치를 해서 감시하는 것 같단다. 이런 증상이 몇 개월째 지속되어 혹시 정신병인가 하고 찾아온 것이다. 증상이 있어도 스스로 진료받으러 오는 경우는 드물다. 참 기특한 청년이다.
　청년은 부서가 바뀌면서 스트레스를 많이 받았다. 잠 못 자고 밤새 스마트폰만 하다가 병이 났다. 다행히 약도 먹고 상담도 해서 곧 좋아졌다. 제정신이 돌아온 청년이 말한다.
　"선생님, 신기해요. 제가 어떻게 그런 엉뚱한 생각에 빠졌을까요. 지금 생각해도 이해가 안 돼요. 누가 저 같은 사람을 미행하겠어요. 그런데 그 당시에는 정말 그런 것처럼 느껴졌어요."
 확실하게 제정신으로 돌아왔다. 그런데 청년이 또 물어본다.
 "그런데 선생님, 제 병명이 뭐예요? 정신병인 건 알겠는데 정확한 병명이 뭐예요?"
 이럴 때 정신과 의사들은 참 난감하다. 그냥 "당신의 정확한 병명은 정신분열병입니다." 하고 대답하면 되는데 그게 어렵다. 곧이곧대로 대답해 주면, 환자분들은 무척 놀라고 절망하기 때문이다. 내가 정신분열병자라고!

* * *

 정신분열병은 참 지독한 명칭이다. 정신이 분열되었다니. 영어 'schizophrenia'에서 'schizo'는 '분열'을, 'phrenia'는 '정신'을 뜻한다. 이를 직역해서 '정신분열병'이 되었고 우리는 백 년 동안 이 이름을 써 왔다.
 사람들은 정신분열병에 대해 오해와 편견을 갖고 있다. 한번 걸리면 회복될 수 없고 미쳐서 평생을 살아야 하는 무서운 병이라고 생각한다. 절대 그렇지 않다. 일시적으로 현실 판단에 문제가 생겼지만, 다시 일상으로 돌아와 건강하게 사는 사람이 많다. 그럼에도 정신분열병에 대한 오랜 오해와 편견은 여전하다. 편견과 오해로 낙인찍힌 '정신분열병'이라는 병명을 바꾸자는 의견도 많았다.

결국 정신과 의사들이 십 년간 머리를 맞댄 끝에 2011년에 새로운 이름을 만들었다. 그게 바로 '조현병(調絃病)'이다. 그 뜻은 이렇다. 조(調)는 조율한다는 뜻이고, 현(絃)은 현악기의 줄인데 여기서는 신경(nerve)을 의미한다. '신경이 조율이 안 돼서 생긴 병'이라는 뜻이다. 뇌 신경의 문제라는 의학적 상태를 은유적으로 표현했다.

당시 나는 이 이름이 마음에 안 들었다. 너무 현학적이고 생뚱맞기 때문이다. 또한 명칭이 독특해서 오히려 또 다른 편견과 낙인의 이름이 되지 않을까 우려했는데 역시나였다. 개명 효과가 별로 없는 것 같다.

개명 이야기가 나왔으니 한마디 더 보태자. '정신과'도 '정신건강의학과'로 개명했다. 정신과에 대한 편견이 심해 이미지 개선 차원에서 개명하자는 의견이 꾸준히 제기되어 왔기 때문이다. 그때 개명 후보는 '마음의학과', '마음건강과', '마음스트레스과' 등이 거론되었다. 개명 작업 때 가장 큰 논란은 '정신'이라는 단어를 남길 것인가, 뺄 것인가였다. 정신을 그대로 두면 개명해도 소용없다는 의견과 정신을 치료하는 분야인데 정신을 빼면 정체성이 상실된다는 의견이 팽팽하게 맞섰다. 결국 정신은 남게 되었고, 대신 '건강'이라는 긍정적인 이미지를 더했으며 폼 나게 '의학'을 붙였다.

결론은 실패한 개명이 되었다. '정신건강의학과'로 개명했지만, 사람들은 여전히 '정신과'라고 한다. 개명되었는지도 잘 모른다. 나 또한 사람들이 전공을 물어보면 망설임 없이 "정신과입니다."라고 말한다. 그 이유로는 우선 발음이 어렵다. 그리고 길다. 요새는 줄임말이 대세인데 오히려 길고 어렵게 만들었으니 사용할 리가 없다. 게다가 정신건강의학과나 정신과나 그게 그거다. 개명은 했는데 옛 이름을 그대로 쓰고 있으니 어쩌면 좋을까.

아, 그 청년에게는 이렇게 말해 주었다. "당신은 '일시적인 정신병'입니다."라고 말이다. 그런 진단명도 있다. 일시적인 정신병은 엄밀하게 말하면 정신병 증상 지속 기간이 1개월 미만인 경우에 해당하지만 그까짓 개월 수 때문에, 청년에게 평생의 낙인을 찍을 수는 없지 않은가. 나도 그런 개월 수의 진단 기준을 중요하게 생각하지 않는다. 청년도 좋고 나도 마음 편하면 그만이다.

이어폰을 낀 환자들

 방에서 진료 기록지를 쓰고 있는데 노크 소리가 들렸다. 문이 빼꼼 열리면서 남자 환자가 얼굴을 들이민다. 산책 중에 내 방을 찾아온 것이다. "너무 궁금한 게 있어서 물어보려고요. 지금 안 물어보면 또 까먹어요."라면서 허락도 없이 방으로 슬쩍 들어온다.
 "왜요? 뭔데요?"
 "원장님은 제가 이소룡이라고 생각하세요?"
 "네?"
 "소리가 들리는데 저보고 이소룡이래요. "너는 이소룡이다." 이런 말이 십 년도 넘게 들렸어요. 그러니까 내가 정말 이소룡인지 헷갈려요. 왜 나한테 이소룡이라고 하는지 모르겠어요. 나는 이소룡하고 하나도 안 닮았는데요."
"에이, 설마. ○○ 씨가 이소룡이겠어요?"
"그래요. 이소룡이랑 하나도 안 닮았죠. 저는 뚱뚱한데. 그래서 아니다 생각하는데 그래도 헷갈리는 거예요. 그래서 이런 생각이 들었어요. 나는 이소룡이 맞는데 만약 이소룡하고 똑같이 생겼으면 사람들이 "와! 이소룡이다!" 하고 쫓아다닐 거잖아요. 신문에도 나고. 그러면 문제가 있잖아요. 그래서 이렇게 다르게 생긴 것 같아요. 그러니까 이소룡이 맞는 것 같은데…. 그런데 쌍절곤 돌려 보라고 하면 어떻게 하죠?"
"그러게요. 이제 그만 병동으로 올라가세요."
"네."

* * *

딸이 초등학교 때 이혼하고 그 뒤로 딸을 한 번도 못 본 조현병 여자 환자다. 그에게는 20년 넘게 환청이 지속된다.
"원장님 귓구멍에서 딸 소리가 들려요. 이거 환청 맞죠?"
"네. 환청이죠."

"환청이니까 안 들어야죠?"
"네. 당연하죠."
"그럼 어떻게 해요? 딸 목소리 안 듣고 어떻게 살아요?"
"그래도 듣지 말아야죠."
"안 돼요. 딸 목소리 안 듣고 난 못 살아요."
"그럼 그냥 들으세요."
"들어도 돼요?"
"네. 안 듣고는 못 산다면서요."
"고마워요. 와, 좋아라!"

* * *

30대 남자 환자다. 연애를 한 번도 해 본 적 없는 모태 솔로다. 여자 목소리 환청이 들리는데 두 가지 버전으로 나타난다. 사랑한다, 좋아한다는 애인 목소리와 바보, 멍청이라고 욕하는 엄마 목소리다. 환청이 애인 목소리일 때는 기분 좋게 웃다가 엄마 목소리로 바뀌면 시무룩해진다. 그 환자가 시무룩하게 있어서 물었다.
"왜요? 오늘은 엄마 목소리가 들려요?"

"아니요. 오늘은 아무 소리도 안 들려요."

"소리가 안 들리니 편하겠네요."

"아니에요. 소리가 안 들리면 이상해요. 둘 다 나를 버린 것 같아요. 애인도 엄마도요…."

* * *

환청은 참 이상한 현상이다. 뇌가 고장이 나면 머리가 아프던지, 어지럽던지, 기억이 망가지던지 그럴 것이지, 어떻게 소리를 만들어서 들리게 할까? 그 내용도 영화 시나리오 같이 다양하면서, 아는 사람, 모르는 사람, 연예인, 정치인 등 별별 사람의 목소리가 다 들리니 정말 신기하다. 하도 신기하고 이해가 안 되니 환청을 마귀 소리나 귀신 소리라고도 하는 듯하다.

환청의 내용은 크게 두 가지다. 하나는 과대망상이고 다른 하나는 피해망상이다. "너는 하느님 아들이다.", "이소룡이다." 하는 기분 좋은 내용도 있지만 "미친놈", "죽어라" 하고 욕하는 내용도 있다. 하지만 어느 한쪽만 들리는 건 아니다. 교묘하게 과대망상과 피해망상이 섞여서 나타난다. 좋은 이야기 들려주다 욕하고, 욕하다가 칭찬해 준다.

환청이 괴로운 것만은 아니다. 그러니 어떤 환자는 환청 속에서 빠져나오지 않는다. 영영 만날 수 없는 그리운 딸의 목소리를 어찌 안 들을 수 있을까? 모태 솔로 남자가 사랑을 속삭이는 애인의 소리를 어찌 마다할 수 있을까?

우리의 가장 강렬한 소망과 가장 두려운 불안이 환청으로 나타나는 게 아닐까? 너무 강렬한 소망이기에 믿고 순종하고, 너무 두려운 공포기에 매일 맞서서 견디는 게 아닐까? 환자들은 매일 행복한 삶과 불안한 삶을 번갈아 살고 있다. 그 속에서 웃고 울고 두려워하고 기뻐하는 절절한 삶을 살고 있다.

사실 그들은 고립되어 있다. 가족도 친구도 그들 세상에는 없다. 고립 속에서 자기만의 세상을 만들고, 자기만의 세계관 속에서 살아간다. 이런 이들에게 환청은 자기를 괴롭히는 이상한 현상이 아니다. 환청은 그들 삶 속의 심심풀이 취미이고, 소중한 만남이고, 순수한 애정이고, 강렬한 열정이고, 때로는 고통이고 때로는 희망이다. 하느님 아들 만재 씨도 이렇게 말한 적이 있다.

"소리가 안 들리면 힘이 빠져요. 기운이 하나도 없어요. 그런데 소리가 들리면 몸에 에너지가 막 생겨요. 그래서 소리가 너무 오래 안 들리면 안 돼요."

* * *

지하철을 탄다. 덜컹덜컹. 지하철 안을 둘러본다. 거의 모든 사람이 이어폰을 꽂고 있다. 귀에 들리는 소리에 흐뭇하게 웃고, 심각하게 인상 쓰고, 누군가와 중얼댄다. 하루종일 귀에서 소리가 들려야 안심하는 우리들, 이어폰을 꽂지 않으면 허전해지는 우리들, 이어폰을 꽂지 않으면 그 빈 시간과 빈 공간을 견디지 못하는 우리들…. 환자의 환청은 우리가 이어폰을 듣는 것과 같지 않을까?

효녀, 머리카락을 뽑다

30대 초반의 착하고 귀엽게 생긴 아가씨는 우울증으로 한 달에 한 번씩 꼬박꼬박 나를 찾아온다. 우울증이지만 강박적인 행동이 더 문제다. 그녀의 증상은 폭식하고 토하기와 머리카락 뽑기다. 그녀가 매일 머리카락을 뽑는다며 내게 보여준다. 왼쪽 머리카락을 들어 올리니 검은 머리 사이로 원형탈모증처럼 하얀 피부가 딱지 크기 정도로 나타났다. 토하는 건 하루 두세 번 한다. 그녀는 엄마, 외할머니와 같이 살고 있다. 집에서도, 그리고 중앙 시장 2층의 포목 가게에서도 그녀는 머리카락을 뽑고 속을 게워낸다.

외할머니, 엄마가 대를 이어 시장에서 작은 포목상을 해 왔다. 엄마가 가게를 이어받았지만 할 일 없는 할머니도 가게에 나와 계신다. 엄마는 치매 초기로 기억이 깜빡깜빡하고 외할머니는 거동이 약간 불편하다. 장사가 잘될 때는 직원을 두기도 했지만, 엄마가 기억력이 떨어지면서 단골손님도 하나둘 떠났다. 지금은 현상 유지도 힘들다.

이런 상황에서 엄마가 취직 준비하던 딸에게 가게 일을 도우라고 했고 딸도 알바로 잠깐만 돕자는 마음으로 일을 시작했다. 엄마의 실수가 잦아지니 딸이 자연스럽게 가게를 꾸려 나가게 되었다. 이제 딸이 없으면 가게를 유지할 수 없는 상태다.

어찌어찌하다 지금 상태까지 왔지만, 딸은 가게 일을 하고 싶지 않다. 정말 어쩔 수 없이 하고 있다. 젊은이가 하루 종일 공기도 안 통하는 시장 2층 구석에서 손님 기다리는 일이 좋을 리 있으랴. 이 좁은 가게에서 엄마, 할머니랑 셋이 같이 있다. 그 두 분은 평생 지켜 오고 살아온 가게에서 생활하니 편하고 좋다.

가게에서 집에서 가져간 점심을 함께 먹는다. 물론 그 점심도 딸이 집에서 만들어 온다. 딸이 가게를 비우면 장사가 제대로 안 되기 때문에 하루 종일 가게를 지켜야 한다. 퇴근도 엄마, 할머니를 모시고 집으로 돌아가고 물론 집에서도 엄마, 할머니를 잘 돌보고 있다.

* * *

"누가 돌볼 사람이 없어서요. 아버지는 돌아가셨고 오빠하고 언니는 서울에서 살아요. 제가 안 돌보면 어떻게 해요? 두 분 다 요양원에 보낼 수는 없잖아요."

"그냥 아무 생각 없이 먹어요. 더 이상 안 들어갈 때까지 먹고 토해요. 배불러서, 답답해서 토하는 게 아니고요. 아무 생각 없이 토해요. 손가락 넣고 토하는 거죠. 그러면 뇌가 편안해지고 걱정, 불안도 없어져요. 먹고 토하고, 그냥 일차원적이잖아요. 그걸 한다고 생각하면 기분이 좋아져요."

"머리카락 뽑는 거요? 그냥 손가락으로 빙빙 돌려서 뽑아요. 보세요. 여기가 횅하죠? 살짝 아픈데 짜릿해요. 뭔가 그 느낌이 있어요. 안 하면 심심해요."

"엄마는 내가 이런 줄 몰라요. 내가 이러는 걸 아는 사람은 원장님뿐이에요. 단골손님이나 옆 가게 사장님들이 나보고 대단하다고 칭찬해요. 어린 아가씨가 이런 일 한다고요. 그런데 내가 이렇게 이중적으로 살고 있다는 걸 아무도 모르죠. 선생님 어떻게 하죠? 어떻게 하면 이런 게 좋아질 수 있죠?"

내 대답은 늘 같다.

"가게를 나와야지."

"그럼, 가게 접어야 하는데요. 엄마 혼자 할 수 없잖아요."
"어쩔 수 없지. 그러면 가게도 접어야지."
"그럼, 두 분이 집에서 뭐 해요?"
"알아서 사셔야지. 너도 가출하고."
"네? 두 분만 있으면 못 사실 텐데."
"오빠나 언니나 어떻게든 하겠지. 두 분이 못 사시면 요양원에 보내던지, 알아서 하겠지."
"오빠도 힘들고, 언니는 애들이 둘이나 있는데요. 나만 믿고 있는데…".
"그래도 가게 접고 가출해야 해. 답이 없잖아."
"원장님, 그렇게는 힘들 것 같아요. 엄마, 할머니, 오빠, 언니 다 어떻게 해요? 집을 떠날 걸 생각하면 마음이 너무 불편해요. 그럴 바에야 그냥 있는 게 나아요. 내가 있으면 다른 사람들이 다 편해지니까. 나는 이 사람들을 못 버릴 거라고 인정해 버렸어요. 어쩔 수 없잖아요."
"너는 머리카락도 가출시키고 뱃속에 든 음식물도 잘 가출시키면서 어째 너는 가출을 못 하니. 가출 못 하겠으면 그냥 솔직히 이야기하고 우리 병원에 두 달 정도 우울증으로 입원해 버려. 그러면 언니랑 오빠가 알아서 할 거 아냐?"

이런 이야기를 한 달에 한 번 반복한다. 한번은 한 달이 안 됐는데 그녀가 찾아왔다. 무슨 일일까? 그녀는 슬픈 눈으로 나를 쳐다보더니 자리에 앉자마자 울음을 터뜨린다. 서럽게 운다. 우잉? 할머니나 어머님이 돌아가셨을까?

"강아지가 죽었어요. 쫑이가 죽었어요, 갑자기요. 내 유일한 친구인데, 애가 아픈데 모르고 있었어요."

그리고 엉엉 울었다. 참 서럽게 운다. 내가 뭐라고 해 줄 말이 없었다. 그녀가 의지하는 유일한 존재였나 보다. 이렇게 서럽게 울다니. 뭐라고 위로라도 해 주려고 말을 꺼낸다는 게 그만,

"너는…, 엄마, 할머니는 잘 지키면서 강아지는 못 지켰구나."

이렇게 말해 버렸다. 그 말을 들은 그녀는 눈을 동그랗게 뜨더니 더 크게 울었다.

"네, 맞아요. 맞아요. 다 내 잘못이에요. 내가 죽인 거예요."

콧물범벅, 눈물범벅으로 더 서럽게 운다. 아이고, 실수했다. 그녀를 달래고 위로하는 데 시간이 꽤 걸렸다.

* * *

"원장님, 이번에는 토 많이 안 했어요. 어떤 날은 안 한 날도 있어요."

"어? 그래? 잘했네."

"그런데요, 머리카락은 더 많이 뽑은 것 같아요. 보세요."

머리카락을 들추니 맨들맨들한 하얀 피부가 딱지 크기보다 더 크게 드러난다.

"야! 그렇게 뽑으면 어떻게 하니? 어이구 정말."

머리카락을 덜 뽑으면 토를 자주 하고, 덜 토하면 머리카락을 왕창 뽑는다. 그녀가 중앙시장 2층의 작은 포목 가게를 벗어나지 않는 한 증상은 지속될 것이다. 답답하니 토하고, 막혔으니 뽑는다. 그녀 스스로 그 공간을 빠져 나오기란 쉽지 않을 것이다. 그녀는 오늘도 좁은 가게에서 엄마, 할머니와 오순도순 다정하게 점심을 먹고 있을 테다.

삶이 버거울 땐 공간을 바꾸자

　이 효녀 아가씨 상태가 좋아지려면 시장 2층 가게에서 탈출해야 한다. 그런데 그녀는 심리적 감옥에 갇혀 있다. 나 하나 빠져나가는 순간, 그나마 유지되던 가족의 질서는 무너지고 가족 모두 힘들어진다. 나 혼자 살자고 그럴 수는 없다. 탈출한다고 당장 할 게 있는 것도 아니다. 직장도 없고 혼자 살 곳도 없고, 앞날도 막막하다. 그래도 탈출해야 한다.
　그런 사람들이 있다. 그들은 생각한다. '나는 톱니바퀴의 하나다. 내가 빠져나가면 모든 톱니바퀴가 삐걱거리고 가족의 시스템이 고장 난다. 내가 이 역할을 멈추는 순간 잘 돌아가던 세상이 망가진다. 그러니 어쩔 수 없이 이 자리를 지키고 있어야 한다. 죽을 만큼 괴로워도 버텨야 해.' 그래서 어떤 사람들은 자기 자리에서 탈출하지 못하고 아예 세상에서 탈출해 버린다.

그럭저럭 견딜 만하면 그대로 있어도 좋다. 하지만 이러다 병들겠다 싶으면 탈출하자. 여기 네 바퀴 수레가 있다. 바퀴 하나가 더 이상 수레를 끌고 싶지 않다. 그런데 자기가 빠지면 수레는 주저앉아 버린다. 그래서 괴로워도 평생 수레를 끌다 죽으리라 체념했다. 수레가 그걸 알고 바퀴에게 말했다.

"바퀴야, 너 빠지면 세 바퀴 수레가 되든지, 두 바퀴 수레도 될 수 있단다. 나한테서 탈출하거라."

내가 탈출해도 회사는 안 망하고 가족도 안 망가진다. 처음에야 혼란스럽겠지만 어떻게든 삐걱대면서 제자리를 찾는다.

* * *

공간을 바꾸면 삶이 바뀐다. 내 삶을 바꾸고 싶다면 공간을 바꾸는 방법이 가장 간단하다. 만약 미국으로 이민 간다면 어떻게 될까? 지금과는 완전히 다른 인생이 펼쳐진다. 여행도 그렇다. 새로운 공간에 가서 새로운 삶을 살기 때문에 좋은 것이다. 가까운 헬스장이라도 가 보자. 나의 일상이 바뀐다. 일상이 바뀌면 삶이 바뀐다. 기타를 배우러 음악실에 가고, 배드민턴을 치러 체육관에 가고, 공부를 다시 하려고 대학원에 가라. 새로운 곳에 가면 새로운 사람을 만나고 새로운 사건을 경험하면 내 안에서 새로운 에너지가 나온다. 그러면 새로운 삶을 살게 되고 나는 새로운 사람이 된다.

나는 어느 공간으로 들어가고 싶은가? 운동하는 공간, 배우는 공간, 사람들과 함께하는 공간, 예술을 할 수 있는 공간, 어디든 좋다. 공간을 바꾸는 순간, 내 인생이 바뀐다. 그곳에서 또 어떤 인연이 시작될지 아무도 모른다.

다만 공간 바꾸는 게 쉽지는 않다. 걸리는 게 많기 때문이다. 무엇이 걸릴까? 내적인 이유와 외적인 이유가 있다.

내적인 이유는 크게 세 가지다. 불안, 의심, 귀찮음이다. 누구를 만날지, 어떤 상황이 닥칠지 모르니 불안하다. 내가 잘할 수 있을지, 남들이 나를 어떻게 생각할지 걱정이다. 이런 불안이 심해지면 귀찮음이 뒤따른다. '뭐 하러 그런 걸 하려고 해?', '이대로가 편해.' 그리고 의심이 올라온다. '그래, 그런 거 해 봤자 뭐 있겠어?', '장소나 비용이나 사람들 중 뭔가 문제가 있을 것 같아.' 새로운 공간을 가려는 순간 이 세 가지 심리적 쇠창살이 나를 가둔다.

외적인 이유도 세 가지로 볼 수 있다. 시간, 돈, 가족이다. 첫

째로, 이상하게 뭘 하려고 하면 갑자기 시간이 부족해진다. 둘째로, 돈 드는 것도 걱정이다. '여기에 이 돈을 써야 하나?', '너무 많이 드는데?'. 셋째는 가족이다. '애들은? 남편은? 부모님은 어떡하지?' 이런 외적인 쇠사슬이 발목에 주렁주렁 매달린다. 문제를 다 해결하고 가는 건 어렵다. 쉽게 해결될 문제가 아니기 때문이다. 내일도, 다음 달도, 내년에도 이 문제는 똑같이 찾아온다. 그러니 나는 똑같이 이곳에 가만히 있을 수밖에 없다. 앞으로의 내 인생 또한 오늘도, 내일도, 내년에도 똑같이 가만히 있을 것이다.

새로운 공간으로 들어갈 때는 그냥 방해물을 주렁주렁 매달고 들어가야 한다. 불안과 의심을 품에 안고, 돈과 시간과 가족의 문제를 등에 업고 뚜벅뚜벅 움직여야 한다. 신기한 점은 해결 안 날 것 같은 문제도 새로운 공간으로 들어가면 어떻게든 정리된다는 것이다. 그러니, 용기 내어 가 보자. 새로운 공간으로. 그리고 새로운 인생으로.

골목길의 피해망상

의과대학 본과 3학년 여름 방학 때 겪은 일이다. 갑자기 마당극을 배우고 싶어졌다. 그 당시에 마당극이 유행이었고, 대학 행사 때면 잔디밭이나 운동장에서 마당극 판이 자주 열렸다. 그 자유로움과 신명은 나를 들뜨게 했다. 옹기종기 모여 앉아 장구 치고 꽹과리 치면서 사회를 풍자하고 웃고 우는 열린 마당이 좋았다.

그러던 참에 여름 방학을 맞아 대학생들에게 마당극을 가르친다는 안내문을 보았다. 주최하는 곳은 창작 판소리 〈똥바다〉를 만든, 마당극의 대부 격인 임진택 씨가 운영하는 마당극 연구소였다. 여기다 싶었지만, 막상 가려니 이런저런 핑계로 망설

여졌다. 본과 3학년이라서 공부해야 할 때라는 생각도 있고, 오가는 데 세 시간 걸리는 교육 장소도 걸리고, 방학인데 좀 쉬어야지 하는 마음도 있고, 그리고 이걸 배워서 어디다 써 먹을 것도 아닌데 하는 생각이 들었다.

사실 나는 의대 연극반이었다. 본과 3학년이라 연극반 활동도 중단한 상태니 지금 마당극을 배운다 해도 어디 써 먹을 곳이 없었다. 내가 나중에 연극을 할 것도 아니고…. 그렇게 가자, 가지 말자, 가자, 가지 말자 고민하다가. 그래도 다시는 이런 기회가 없을 것 같아 용기 내서 가 보기로 했다.

서울 변두리 산동네의 연구소까지 걸어 올라가는 동안 별생각이 다 들었다. 꽹과리나 장구를 쳐 본 적도 없는데, 좀 칠 줄 알아야 하는 거 아닐까? 데모도 좀 해야 하고 운동권 경험도 있어야 하는 거 아닐까? 괜히 기본도 없는 나 같은 사람은 안 된다고 퇴짜 맞을 것 같았다. 또 의대생이 이런 거 배우러 와서 잘난 체한다고 눈치 줄 것 같았다. 별의별 피해망상이 머릿속에 떠올랐다.

연구소 문 앞에 도착해서도 들어가지 못했다. 돌아서서 연구소 둘레의 이 골목 저 골목을 빙빙 돌았다. '그냥 집으로 갈까?', '그래도 여기까지 왔는데.' 다시 연구소 문 앞에 섰다가 또 망설이길 반복하면서 한 시간 넘게 오락가락했다.

돌아보면 우습다. 수강생이 왔는데 안 된다고 할 리가 없다. 용기를 내서 연구소 문을 열고 들어가자 접수하는 분이 반갑게 맞아주었다. 꽹과리니 데모니 하는 질문은 물론 없었다. 당연하다. 그저 신상을 적고 교육과정이 어떤지 안내받는 평범한 접수였다. 오히려 와 주어 고맙다는 인사만 받았다. 그렇게 그해 여름 두 달 동안 마당극을 배우면서 그 속에 흠뻑 빠졌다. 교육 동기들과 마당극을 만들어 우리끼리 작은 공연도 했다. 그 마당극은 지금도 내 삶에 들어와 있다.

예술치료, 사이코드라마

　나는 사이코드라마 전문가다. 30년 넘게 사이코드라마를 하고 있다. 나의 명함에 두 개의 경력만 적을 수 있다면 하나는 정신과 의사, 또 하나는 사이코드라마 전문가일 것이다.

　사이코드라마는 마당극과 비슷한 면이 많다. 정식 무대가 아니더라도 아무 데서나 진행할 수 있고 관객의 자발적 참여가 가능하며 놀이 형식으로 진행된다. 나는 사이코드라마에서 마당극의 철학과 형식을 많이 활용했다. 그 대학 시절, 불안과 두려움 속에서 연구소 문턱을 넘어 새로운 공간으로 들어간 용기 덕분에 나는 지금도 사이코드라마 무대에서 북 치고 노래 부르면서 신명 나게 살고 있다.

사이코드라마는 연극적인 기법을 활용하여 심리적인 문제를 풀어내는 치유 기법이다. 사이코드라마가 정신과 환자를 대상으로 하는 '사이코'를 위한 '드라마'라는 오해도 있어서 '심리극'이라는 용어로도 사용한다. 지금은 정신과 환자뿐 아니라 심리적인 문제를 풀고 싶어 하는 일반인을 대상으로 더 많이 활용되고 있다. 사이코드라마는 보통 20명 내외의 소집단 프로그램으로 진행하지만, 상황에 따라 몇 사람이 함께하는 미니 심리극도 하고, 때로는 일대일의 개별 맞춤 심리극도 한다. 나는 이 사이코드라마를 집단 심리치유 연극으로 만들어 무대 공연도 하고 있다. 지금까지 10년 넘게 전국을 돌아다니며 300석 규모의 공연장에서 치유 심리연극을 무대에 올렸다.

사이코드라마가 강력한 치유 기법인 이유는 연극적으로 그 상황을 실제처럼 재연하면서 직접 문제를 풀 수 있기 때문이다. 엄마와 갈등이 있다면 엄마 역할을 하는 대역을 세워서 그동안 못 했던 말을 직접 얘기할 수 있다. 그러면 감정도 풀고 문제 해결 방법도 알게 된다. 과거의 트라우마, 현재의 갈등, 미래의 불안도 모두 대역을 세우고 실제처럼 재연해서 문제를 풀어낸다. 진짜가 아닌 연극인데 도움이 되겠나 싶지만, 신기하게도 직접 그 상황에 들어가 보면 문제 해결이 훨씬 더 쉬워진다.

사이코드라마의 가장 큰 장점은 상담이나 약으로 해결할 수 없는 문제를 드라마틱하게 풀 수 있다는 것이다. 또 수십 번의 상담이 필요한 복잡한 문제를 단 한 번에 해결할 수도 있다. 나에게 사이코드라마란 다른 정신과 의사가 갖고 있지 않은 또 다른 강력한 치료 기법이며, 또한 내 삶을 풍요롭게 하는 연극예술이기도 하다.

   사이코드라마를 통해 30년 동안 1,000명이 넘는 사람을 만났고 그분들의 삶의 고통과 한을 함께했다. 그동안 만난 주인공들의 삶이 나의 살이 되고 뼈가 되고 피가 되어 내 속에서 숨쉬고 있다. 나는 아마 죽기 전까지 사이코드라마를 계속할 것이다.

끝나지 않은 장례식

전주에서 찾아온 70대 중반의 할머니다. 할아버지와 둘이 살고 있다. 할머니는 알코올 중독으로 입원했다. 원래 술을 즐겨드시는 편이었지만 알코올 중독은 아니었다. 그런데 일 년 전부터 거의 매일 술을 마시고 가족들에게 폭언을 퍼부었다. 밥을 안 먹고 술만 마시니 기력이 떨어져 방에서 기어다닐 정도였다. 그럴 때마다 내과 병원에 사나흘 입원하기를 반복했다. 하지만 술 먹고 악쓰는 행동이 반복되자, 가족들은 고민 끝에 할머니를 알코올 전문 병원으로 입원시켰다.

한평생 아들 둘, 딸 셋 오 남매를 애지중지 키우면서 잘 살아오셨다. 가족 말로는 막내딸이 사고로 죽은 뒤로 술을 많이 마신다고 했다. 나도 할머니가 딸을 잃은 슬픔을 술로 달래려니 생각했다. 그런데 할머니와 상담하면서 새로운 사실을 알았다.

* * *

막내딸은 자살했다. 두 살짜리 딸 하나를 두었는데 우울증이 심했던 것 같다. 그 일로 가족 모두가 충격을 받았다. 다만, 그 당시 할머니는 넘어지면서 팔이 부러져서 치료 중이었고, 기력이 약해져 약간의 우울증도 있었다. 가족들은 막내딸 소식을 알면 할머니가 충격을 받아 쓰러질까 걱정했다. 할아버지가 장례식 끝나고 알리자고 했고, 큰아들이 동조했다.

부랴부랴 장례를 치르고 일주일 정도 지난 뒤에 할머니에게 이야기했다. 할머니는 큰 충격에 빠졌다. 막내딸이 그렇게 슬프게 하늘로 갔다는 것에 놀랐지만 자기에게 그 사실을 숨겨서 장례식도 못 가게 한 것이 더 큰 충격이었다. 딸의 마지막 모습을 보지 못하고 이별도 못 하고 보내서 한이 되었다. 할머니는 늦둥이 막내딸을 특히 예뻐하고 걱정했다.

그 뒤로 할머니는 술을 마시기 시작했고 술에 취하면 남편에게 덤벼들었으며 큰아들에게 전화해서 욕을 해 댔다. 술이 깨면 가족들에게 상처를 준 것이 미안해서 어쩔 줄 몰라 했다. 그러다가 딸 생각이 나면 또 정신을 잃을 때까지 술을 마시고 남편과 큰아들에게 욕을 퍼붓기를 반복했다.

할머니는 알코올 정신병원에 입원한 것에 심한 수치감과 자괴감도 느꼈다. 자포자기하는 심정이었다. 딸이 죽는 것도 모르고, 하늘나라로 가는 길도 배웅 못 하고, 자식들에게 민폐를 끼치고, 끝내 정신병원에 입원한 자기 처지를 비관했다. 입원 초기에는 모든 치료를 거부했다. 나는 매일 할머니와 이야기하면서 우울증도 있으니 약도 드시고 알코올 교육도 받으라고 애원하다시피 했다. 주치의가 하도 애쓰니 할머니도 조금 마음이 바뀌셨다. 할머니가 체념하듯 말했다.

"원장님이 저를 치료해도 소용이 없어요. 저는 죽든지 평생 술 마시든지 둘 중 하나뿐이 안 남았습니다. 이런 상태에서 제가 여기 나가면 무슨 낙으로 살겠습니까? 원장님이 저에게 어떤 치료를 해 주실 겁니까? 여기서 하는 교육들요? 나하고는 아무 상관이 없어요. 딸 가는 길을 못 지킨 이 에미…. 그리고 그렇게 만든 남편과 큰아들에 대한 분노는 사라지지 않아요. 얼마나 내가 이해하려 하고, 얼마나 내가 잊어버리려 하고, 얼마나 내가 용서하려 했는데요. 딸 장례식에서 딸에게 미안하다고, 하늘나라로 잘 가라고 이야기를 못 한 게 정말 한이 맺혀요.

딸 생각이 나면 술을 마시고, 딸 이름 부르면서 미안하다, 미안하다, 울어요. 내가 죽고 싶은 마음이 들어도 차마 내 손으로 죽을 수는 없어요. 그 정도는 버틸 수 있답니다. 원장님이 신경 써 주시니까. 그래요. 여기서는 조용히 원장님 시키는 대로 하다가 가겠습니다. 교육받으라면 받고, 약 먹으라면 약 먹고요…."

선하고 고운 할머니셨다. 이 할머니를 어떻게 도울 수 있을까? 할머니의 핵심 감정은 분노와 한이다. 분노는 이차적이다. 그리고 분노는 어느 정도 풀어 줄 수 있고 시간이 지나면 줄어들기도 할 것이다. 하지만 장례식에 못 간 한은 어쩔 것인가! 이미 과거의 일이라 돌이킬 수 없다.

그런데 과거는 정말 다시는 어떻게 할 수 없을까? 갑자기 아니라는 생각이 들었다. 할머니에게 장례식은 과거가 아니라 현재다. 지금도 가고 싶은 것이다. 겉보기에는 '과거에 갔었으면'이지만 마음의 시간으로는 '지금도 가고 싶은 것'이다. 간절한 마음은 현재 진행형이다. 그렇다면, 그렇게 가고 싶은 딸의 장례식에 보내드리면 되겠다. 할머니 마음속의 소원을 현실에서 들어드리면 되는 것이다. 그래, 할머니를 딸의 장례식에 보내드리자. 심리극 기법으로 장례식을 재연해 보자!

* * *

알코올 전문병원 프로그램에 '관 요법'이라는 게 있다. 한마디로 '임사 체험'이다. 환자가 유서를 쓰고 관속에 들어간다. 치료자가 가족들을 대신해서 유서를 읽어주고 곡을 한다. 깜깜한 관속에서 자신의 삶을 돌아보게 하는 충격요법이다. 병원에는 죽음 체험을 진짜처럼 느끼게 하려고 관도 두고, 수의도 입히고, 가운데 영정사진을 놓고 국화를 둘러서 분향하는 단도 준비되어 있다. 이것을 이용해서 장례식을 치르기로 했다.

우선 해야 할 일은 할머니의 분노를 풀어드리는 것이다. 남편과 아들에 대한 분노를 먼저 풀어야 딸에 대한 애도를 제대로 할 수 있다. 할머니는 맨 정신으로는 한 번도 남편과 아들을 탓한 적이 없었다. 무의식 속의 분노를 풀기 위해 사이코드라마가 필요했다. 할머니에게 말했다. 맨 정신으로 분노를 표현해야 분노가 줄어들 수 있다고. 할머니가 어떻게 맨 정신으로 그럴 수가 있느냐고 하신다.

"다 나를 위해서 그런 건데…. 내가 이해해야지. 맨 정신으로 그러면 내가 나쁜 년이지. 두 번 죽이는 거지."

"할머니, 무의식 속에 숨어 있는 분노가 술 마시면 터져 나오는 거예요. 취중 진담이라고 그러잖아요. 그 마음을 풀어야 술 먹고 남편이랑 아들한테 포악질을 덜 하게 돼요."

심리극에 대해서도 설명했다. 연극적인 방식으로 마음을 풀어내는 치료인데 밑져야 본전이니까 한번 해 보자고 꼬셨다. 할머니가 의아한 듯 말한다.

"알코올 치료에 별게 다 있네."

"술 끊기가 힘들어서 저희가 별 방법을 다 써요. 할머니도 한번 해 보게요."

"내가 원장님 하라는 대로 하기로 했으니까 그렇게 합시다."

할머니가 마음을 열었다. 다음으로는 심리극에 참가할 상담사와 간호사를 불러 회의를 열었다. 할머니와 할 심리극을 설명하자 모두 진지하게 들었다.

"먼저 분노를 표현하는 심리극을 해서 감정을 몰입시키고 그다음에 바로 장례식 장면으로 갈 겁니다. 분노 표출의 심리극은 워밍업이고 진짜는 장례식장 재현입니다. 분노 표출 심리극은 지하 강당에서, 장례식은 2층 프로그램실에서 합니다. 조금이라도 장난처럼 해서는 안 됩니다. 모두 심각하고 진지하게 해야 합니다."

가족을 통해 받은 막내딸 사진으로 영정사진도 준비했다. 물론 장례식은 할머니에게는 절대 비밀이었다. 미리 말하면 장난하냐고 노발대발할 게 뻔했다.

남자 상담사 두 명이 남편과 아들 역할을 맡기로 했다. 문제는 누가 막내딸 역할을 할지였다. 사진 속의 딸은 여리고 순해 보였는데 비슷한 여자 상담사가 있었다. 그녀는 20대 후반이다. 그녀에게 딸 역할을 부탁하면서 말했다.

"막내딸 역할이 쉽지 않을 겁니다. 심리적으로도 힘들겠지만 웃지도 말고, 울지도 말아야 해요. 만약 웃거나 울면 집중이 깨져서 엉망진창이 될 수 있어요. 정말 죽은 듯이 있어야 합니다."

원래 수줍음이 많고 눈물도 많은 상담사다. 험한 알코올 환자기 욕이라도 하면 눈물을 흘리기 일쑤였다. 그래도 환자에 대한 애정으로 꿋꿋하게 넘겨 오는 그녀가 다짐하듯 말한다.

"한번 해 볼게요."

이제 준비는 끝났다. 그래도 걱정이었다. 할머니가 가짜 장례식을 진짜처럼 느끼고 딸 대역하는 상담사를 진짜 딸처럼 여길 수 있을까? 할머니가 몰입과 집중을 못 하면 큰일이 난다. 잘못하면 고인에 대한 모욕이 될 수 있고, 할머니도 죽은 내 딸 갖고 장난치냐고 분노할 수도 있다. 딸 장례식을 가짜로 다시 치르는 게 할머니에게 2차 트라우마가 될 수도 있다. 위험한 도박이다. 정말 위험천만이다.

하지만 어쩔 것인가! 술 문제는 둘째다. 그저 원하는 대로 술 드시다가 세상 떠나면 그만이다. 하지만 죽어서도 가지고 갈

할머니의 한은 어떻게든 풀어야 한다. 혹시 실패한다면, 무릎 꿇고 석고대죄하리라. 할머니도 내 마음을 이해해 주시리라…. 우리가 정성을 다한다면 최소한 더 큰 상처는 안 주리라….

* * *

디데이다. 지하에서 분노표출 심리극을 했다. 할머니에게 연극적으로 하는 심리극이 얼마나 낯설겠는가. 그래도 하다 보니 점점 몰입하셨다. 남편과 아들에게 분노를 표현하고, 술 취해서 하던 온갖 욕을 제정신으로 다 쏟아냈다.

"내 정신으로 하니까 속이 시원하네. 하고 나니 아들하고 남편 마음을 더 이해하게 됐어. 이제 술 처먹고 포악질은 조금 덜 할 것 같네. 심리극이 효과가 있는 것 같은데?"

"그죠? 좀 시원하시죠? 이제 저를 따라오세요."

할머니는 감정적으로 많이 올라온 상태였다. 이제 시작이다.

"이제 눈을 감으세요. 할머니 딸 보고 싶지요? 딸 장례식장 가고 싶죠? 갔으면 이렇게 한이 없었을 텐데…. 술도 안 먹고. 그죠?"

"응, 그렇지."

"할머니, 딸 만나고 싶어요?"

"만나고 싶지…."

"저랑 딸 만나러 갈까요?"

"원장님이랑? 그러면 좋지."

할머니는 농담처럼 받아 주셨다. 그렇게 조금씩 조금씩 딸에 대한 마음에 집중하게 하며 2층에 올라 왔다. 막내딸 역할인 상담사는 수의를 입고 죽은 듯이 누워 있었다. 치료진 몇 명이 심각한 표정으로 기다리고 있었다. 향냄새가 은은히 퍼졌다. 향냄새 때문인지 할머니의 미간이 약간 꿈틀거렸다.

"할머니, 눈 뜨지 마세요."

그리고 천천히 단 앞으로 모시고 갔다. 국화꽃에 둘러싸인 딸 영정사진과 그 밑에 누워 있는 딸을 보고 할머니가 어떻게 반응할지 걱정되었다. 이제 때가 되었다.

"할머니, 이제 눈 뜨세요."

할머니는 눈을 뜨고 잠깐 여기가 어딘가 두리번거리다가 국화꽃에 둘러싸인 딸 영정사진을 보았다. 순간, 할머니는 "아아악!" 비명을 지르고 바닥에 털썩 주저앉았다. 쓰러진 바로 앞에 죽은 딸이 수의를 입고 누워 있었다. 그러자 할머니는 정신 잃은 사람처럼 딸을 부둥켜안고 아이고~ 아이고~ 울었다. 딸 이름을 부르면서 몸부림쳤다. 오열했다. 온몸으로 껴안고 딸 몸속으로 들어가려는 듯이 몸부림치면서 절규했다.

"미안해, 미안해. 엄마가 잘못했어. 엄마가 미안해."

그리움과 미안함과 안타까움과 슬픔과 절망이 쏟아졌다. 마음속에 있는 온갖 말을 토했다. 눈물 콧물이 범벅이 되어, 두 손으로 딸의 뺨을 쓰다듬고 딸의 뺨에 자기 뺨을 대고 또 흐느끼고, 넋두리하면서 손을 만지고, 발을 만지고, 온몸을 만지고⋯. 엄마의 그리움은 손의 그리움이고, 뺨의 그리움이고, 발바닥의 그리움이고, 몸의 그리움이었다. 몸을 만지는 것. 몸을 만지는 것이 이리도 기적 같은 일이라니. 몸, 몸을 만질 수 있다는 것. 그것이 엄마의 절절한 소망이었다.

할머니는 한 시간도 넘게 딸의 온몸을 만지면서 못다 한 말을 토해냈다. 울다가 중얼대다가 흐느끼다가 통곡하다가 속삭이다가 아무 말 없이 딸 몸 위에 엎드려 있다가⋯. 그러다 갑자기 할머니가 고개를 돌려 애원하는 눈빛으로 나에게 말했다.

"원장님, 내가 딸 수의를 다시 입히고 싶어. 내가 배냇저고리 입히던 애야. 늦둥이로 얼마나 사랑했는데. 내가 이제 마지막 옷을 입혀 보내고 싶어⋯."

치료진 모두가 콧물 눈물범벅이다. 소리 내어 울기도 했다. 상중 조문객 역할이니 울어도 괜찮았다. 그런데 딸로 누워있는 상담사는 정말 미동도 없었다. 할머니가 그렇게 붙잡고 몸부림

마음, 고맙고 미안하고

치고 뺨을 비비고 콧물 눈물을 얼굴에 다 쏟아도 한 치의 흐트러짐도 없이 고요했다. 그녀는 정말 이 세상 사람이 아닌 듯 가만히 있었다.

치료진들이 딸의 수의를 벗겨드렸다. 할머니는 딸의 뺨을 만지고 손을 만지고 발을 만지면서 다시 수의를 정성스럽게 입혔다. 그러면서 혼잣말했다.

"미안하다. 고맙다. 네가 있어서 엄마가 행복했다. 잘 가라. 하느님 우리 딸을 잘 받아주세요. 착하고 고운 아이랍니다. 제 손으로 세상을 떠났지만 잘 보살펴 주세요. 착한 아이랍니다."

수의를 다 입히고도 한참 딸을 안고 있었다. 그리고 긴 한숨을 쉬더니 딸의 머릿결을 정성스럽게 정리해 준다.

"잘 가라, 내 딸. 엄마도 곧 가겠지. 하늘나라에서 반갑게 만나자. 잘 가라, 내 딸."

할머니가 딸의 손을 놓고 평온한 얼굴로 돌아보면서 말했다.

"이제 됐어요."

할머니는 걷기도 힘들어했다. 겨우 부축해서 병실로 안내해 드리자 바로 잠에 들었다. 할머니는 다음 날 오전까지 잠에서 깨지 않았다.

할머니는 안정을 찾고 보름 뒤에 퇴원했다.

* * *

 심리극이 끝나고, 딸 역할을 맡았던 상담사와 이야기를 나누었다. 딸 역할을 하면서 심리적 충격을 받을 수 있기 때문이다. 아무리 상담사라고 해도 그 모진 역할을 하면 후유증이 남을 테니까. 치료진도 모두 놀랐다. 그런 상황에서 어떻게 그렇게 죽은 듯이 고요할 수 있었는지. 그녀가 말했다.
 "딸 역할 한다고만 생각했으면 틀림없이 울었을 거예요. 저도 딸이잖아요. 엄마가 날 붙잡고 그렇게 슬프게 우는데 어떻게 안 울 수 있겠어요. 그렇지만 제가 울면 안 되잖아요. 그래서 나는 여기 없다고 생각했어요. 그리고 명상하듯이 딸의 명복을 빌었어요.
 그 따님이 저보다 네 살 많잖아요. 또래잖아요. 어떤 삶을 살았을까, 어떤 마음이었을까, 그러면서 딸의 삶을 생각하고 명복을 빌었어요. 반복해서요. 당신의 명복을 빕니다···. 당신의 명복을 빕니다···. 이 말만 계속 반복했어요. 기도하듯이요. 그랬더니 마치 유체이탈된 것처럼 할머니의 울음과 절규가 먼 나라에서 들려오는 소리 같았어요. 그리고 평온해졌어요.
 저도 신기해요. 눈물 많은 제가 그 상황에서 눈물 한 방울 흘리지 않았으니까요. 아마 따님이 우리 엄마 한을 잘 풀어달라고 저를 도와준 것 같아요."

　우리의 삶은 몸속에 있다. 몸이 움직이고, 몸이 아프고, 몸이 사랑하고, 몸이 그리워하고, 몸이 슬퍼한다. 할머니도 그랬다. 딸을 만지고 싶다는, 딸의 몸을 안아보고 싶다는, 딸의 뺨을 쓰다듬고 싶다는, 딸의 손을 꼭 잡아보고 싶다는 간절한 소망이 할머니의 몸속, 세포 세포마다 맺혀 있었다. 그래서 남들이 아무리 잊으라고 해도, 그만 보내 주라고 해도 그럴 수가 없었다. 머리나 마음으로야 몇천 번이라도 보냈겠지만, 몸은, 세포들은, 딸을 그리워하고 있었다.

　누워 있는 딸이 눈앞에 보이자, 그 몸뚱어리가 진짜 딸이든 가짜 딸이든 할머니에게는 아무런 상관이 없었다. 무의식 속의 몸은 그 순간 저절로 움직였다. 생각도 사라지고, 시공간도 저 멀리 사라지고 오직 지금 여기의, 몸의 그리움, 몸의 사랑, 몸의 간절함만이 터져 나와 딸 몸 위에서 몸부림친 것이리라. 몸이 살아내니까 마음도 풀리리라.

* * *

　일 년 후 전화 한 통을 받았다. 그 할머니였다. 약간 술에 취한 목소리였다. 여전히 술을 끊지는 못하셨나 보다.

"원장님, 고마워서 전화했어요. 술 한잔 하다가 원장님 생각이 나서."

"아직도 술 못 끊으셨어요?"

"응. 술은 가끔 마셔. 진짜 가끔 마셔. 걱정 안 해도 돼. 예전처럼 매일 먹지도 않아. 술 마셔도 남편이랑 아들한테 포악질도 안 하고. 그래서 가족들도 안심해. 술 끊으라고 안 해. 그 정도만 드시면 괜찮다고.

늘 원장님을 고맙게 생각해. 딸아이를 내 손으로 보낼 수 있어서. 정말 여한이 없어. 나도 신기하지. 딸 수의를 내 손으로 입혔다는 느낌이 아직도 남아 있어. 그래서 정말 딸을 편안하게 보낼 수 있었어. 정말 고마워."

"할머니 술 많이 드시지 마세요. 건강하게 지내세요."

그 뒤로는 잘 지내시는지 연락이 없었다.

장남의 품격

할머니를 위한 가짜 장례식을 경험한 이후로 나는 가능한 지키는 원칙이 하나 생겼다. 부모님 상을 당했을 때 입원 중인 환자여도 꼭 장례에 참여시키는 것이다. 부모님이 돌아가셨을 때 환자를 장례에 참여시켜야 할지 가족이 물어 오면, 동반 외출해서 절만 하고 오더라도 꼭 참가시키라고 한다. 그러나 가족들은 상을 끝내고 환자에게 이야기하는 경우가 많다. 대부분의 조현병 환자는 장례 뒤에 그 이야기를 듣고도 무덤덤하게 반응한다. 그래도 나는 표현되지 않은 그들의 마음을, 부모에 대한 그리움이나 미안함을 짐작해 본다. 무감각, 무감동의 세상에 갇혀 있더라도 그 속마음이 어떨지는 아무도 모른다.

어느 날이다. 간호사가 내게 말한다.

"근일 씨 어머님이 어젯밤에 돌아가셨대요. 집에서는 근일 씨한테 알리지 않을 거라고 하네요. 내일이 발인이래요."

간호사는 근일 씨의 가까운 친척이다. 근일 씨는 40대 후반의 알코올 중독자로 3형제의 장남인데 결혼 안 하고 엄마와 같이 살고 있었다. 아버지는 초등학교 때 돌아가셨다. 근일 씨는 술만 마시면 자기를 왜 이렇게 키웠냐고 엄마를 탓하고 주사를 부렸다. 엄마는 아들이 늘 걱정이었다. 근일 씨는 일 년에 몇 번씩 병원을 들락날락했다. 가족이나 주치의가 병원에 좀 오래 입원해야 한다고 엄마를 설득해도 아들이 퇴원시켜 달라고 졸라대면 엄마는 마음이 약해서 바로 퇴원시켰다. 동생들은 말했다. 엄마가 그러니 형이 술을 못 끊는 거라고. 그래도 소용이 없다. "불쌍한 아이 병원에 어찌 두누…." 이러셨다.

이번에 아들이 입원해 있는 동안 엄마는 갑자기 몸이 아프다가 일주일 만에 돌아가셨다. 엄마가 돌아가셨는데 장례 끝나고 말한다는 사실을 알게 된 나는 남동생에게 전화했다. 어머니 장례식장에 형을 꼭 참석시키도록 권유했다. 동생이 말한다.

"형이 나오면 백 프로 술 마실 겁니다. 술 취해서 난동이라도 부리면 어떻게 합니까? 장례식장이 난장판 될 겁니다. 어머니를 위해서도 형님을 위해서도 오지 않는 것이 좋겠다는 것이 우리 가족의 마음입니다. 마지막 가는 날까지 엄마한테 행패 부리는 건 볼 수가 없습니다."

나도 물러서지 않고 말했다.

"그 마음 잘 압니다만, 혹 술을 마신다고 하더라도 참석시켜야 합니다. 형님이 술 안 마실 때는 순한 사람이잖아요. 그러잖아도 늘 엄마한테 불효자라고 자책하는데 장례까지 참석 못 한다면 평생 씻을 수 없는 죄인으로 살게 될 겁니다. 꼭 참석시켜야 합니다."

동생이 격앙돼서 말했다.

"우리도 그걸 모르겠습니까? 만약에 장례식장이 난장판 되면 원장님이 책임지겠습니까?"

걱정하는 동생들 마음도 알겠다. 그래도 보내야 한다.

"그 마음 압니다. 그래도 참석시키셔야 합니다."

주치의가 반복해서 권하니 동생도 조금 누그러졌다.

"술을 마시고 주사가 시작되면 아무도 못 말립니다. 그땐 어떻게 합니까?"

내가 약속했다.

"만약 그런 일이 일어나면 병원으로 연락 주세요. 그러면 저희 직원이 가서 강제로 모시고 오겠습니다."

"알겠습니다. 원장님이 부탁하니 다시 의논해 보겠습니다."

가족들은 나중에 형이 할 원망도 두려웠다. 의논 끝에 형을 한나절만 장례에 참석시키기로 했다.

* * *

근일 씨에게 어머님이 돌아가셨다는 걸 말씀드리고 당일 외출로만 갔다 와야 한다고 말했다. 그리고 절대 술 마시지 말고, 장례 잘 치르고 오라고 신신당부했다. 근일 씨는 심각한 표정을 짓더니 네, 한마디 했다. 동생이 와서 형을 데리고 갔다. 걱정이 되긴 했다. 그래도 어쩔 것인가. 술 때문에 정신병원에 입원해서 엄마 장례식도 못 간 아들로 평생을 살게 할 수는 없지 않은가.

오후에 근일 씨가 병원으로 전화했다. 다행히 술 취한 목소리는 아니다. 외출이 아니라 하루 외박을 하겠단다. 내일 발인까지 하고 오겠다는 것이다. 술 안 마시고 들어가겠다고 한다. 옆에 있던 동생도 그렇게 했으면 좋겠다고 했다.

다음 날 오후, 근일 씨는 술 안 마시고 귀원했다. 원장님 덕분에 장례를 잘 마쳤다고 고맙다고 했다. 다행이다. 근일 씨에게 물었다. 술 생각 안 났냐고.

"동생들은 걱정했겠죠. 어머니 돌아가셨다는 핑계 대고 나가자마자 떡이 되도록 술을 마실 거라고 생각했을 겁니다. 맨날 술 먹고 엄마한테 행패 부리면서 살아왔으니까요. 하지만 아닙니다. 장례 끝날 때까지 정신 똑바로 차렸습니다. 정말 술 생각 안 났습니다."

"저는 근일 씨가 술 마시고 영정 앞에서 꺼이꺼이 울까봐 걱정했는데, 어떻게 술 생각이 안 났을까요?"

근일 씨가 말했다.

"저는 예전부터 이런 생각을 했어요. 친구들 부모님 문상을 가면, 나도 언젠가 저 친구처럼 상주가 되어 어머니를 보내드리겠구나 싶었어요. 제가 장남이라서 어머니 돌아가시면 내가 뭘 어떻게 해야 하는지 부담도 있었어요. 제가 어머니 속만 썩인 아들이잖아요.

그래서 가끔 상상해 봤어요. 상복 입고 조문객을 맞는 저를요. 그러면서 속으로 다짐했어요. 언젠가 어머니가 돌아가시면, 장례식장에서 예의를 갖춰 조문객을 맞이하고 어머니를 잘 보내드려야 한다고요. 평생 우리 엄마 고생만 시켰잖아요. 내가 장남으로서 어머니에 대한 마지막 도리는 지켜야 한다고 생각했어요. 그것을 실행할 수 있어서 다행입니다."

어이구, 안 보냈으면 어쩔 뻔했나! 이 아들이 어머니 장례 끝나고 소식 들었으면 어떻게 됐을까…. 휴우.

* * *

우리는 시간과 공간의 좌표 속에서 살고 있다. 시공간의 좌표 중에 특히 중요한 순간이 있다. 이 중요한 순간을 드러내는 행위가 '의례'다. 의례는 단순한 겉치레, 형식이 아니다. 의례는 정신을 쏟고, 마음을 모으고, 몸으로 애쓰는 정성의 표현이다. 결혼식, 장례식, 생일, 명절 등을 중하게 여겨야 한다. 나도 뒤늦게 알았다. 지금이라도 잘하려고 애쓴다.

코끼리 때문에 병 걸린 할아버지

70살 할아버지가 할머니와 같이 진료실을 찾았다. 할아버지가 2주 전부터 가슴이 답답하고 벌렁거리고 소화가 안 되고 잠을 못 잔다고 한다. 그리고 무기력하고 힘이 없단다.
"언제부터 그랬어요?"
할머니가 대답한다.
"한 2주 정도 됐어요. 갑자기 그래요."
전형적인 화병이 동반된 우울증 증상이었다. 갑자기 생겼다고 하니 뭔가 스트레스가 있었을 것이다. 이를 묻자 할머니가 또 답한다.
"스트레스가 어딨어요? 기분 좋은 일만 있었지요."

"네? 무슨 기분 좋은 일이 있었나요?"
"한 달 전에 애들이 영감 칠순이라고 태국 여행을 보내주었어요. 삼박사일. 처음 외국에 나가보고 신기한 게 많아서 얼마나 좋아했는데요. 아니, 애들이 돈 들여 여행 보내 준 건데, 기분 좋게 갔다 와서 이래요. 참 왜 이러는지 모르겠어요."
할아버지에게 물었다.
"할아버지, 여행 중에 무슨 스트레스는 없었나요?"
"아니. 스트레스는 없었어. 좋기만 했지."
"그럼, 최근에 다른 스트레스 받는 일이 있었나요?"
할머니가 또 끼어드셨다.
"스트레스는 무슨? 신나서 떠들고 다녔지. 아무 일 없었어."
할아버지가 덧붙였다.
"여행은 아주 좋았어. 뭔 스트레스가 있겠어. 신기했어. 코끼리도 타고. 코끼리도 텔레비전에서만 봤지, 처음 봤잖아. 코끼리를 타니까 신기하더라고."
그때였다. 할머니가 할아버지 소매를 잡고 살짝 흔들었다. 마치 하지 말라는 듯이. 그러자 할아버지가 할머니 눈치를 보고 침묵한다.
"아니, 왜 말씀하다가 마세요? 뭐가 좋으셨는데요?"
"아니, 할멈이 말하지 말래. 여행 간 걸 말하지 말라는 거야."

"왜요?"

할머니가 끼어들었다.

"아니, 그게. 이 양반이 여행 갔다 와서 너무 좋아서 노인당이나 동네 사람 만나면 여행 이야기를 하는 거예요. 코끼리 탄 이야기, 여자로 변신한 남자들이 춤추는 이야기를 신나서 하는 거예요. 그래서 하지 말라고 했어요."

"아니, 왜 하지 말라고 하셨어요?"

"우리 동네 사람 중에 외국 여행 간 사람은 우리밖에 없거든요. 서울에 가 본 적 없는 사람들도 있어요. 그런데 그걸 신나서 이야기하면 눈치 보이잖아요. 괜히 못 간 사람들은 부럽고. 그리고 뒤에서 뭐라고 할 거잖아요. 그래서 내가 하지 말라고 했죠. 그런데 그걸 못 참아요. 만나는 사람을 보면 막 이야기하려고 해요. 그래서 제가 눈치 주죠. 주책 부리지 말라고. 우리만 좋으면 됐지, 왜 동네 사람들 기분 나쁘게 만드냐고요."

어? 이것 때문에 병이 나셨나? 말 못해서 생긴 병인가? 세상에 태어나 처음으로 낯선 외국에 가서 별 신기하고 좋은 경험을 했으니 할아버지는 얼마나 좋았을까? 그 경험을 어딘가 이야기하고 싶었을 것이다. 세상에 나오지 못한 말들이 할아버지 가슴 속에서 난리를 치고 있는 건 아닐까?

할머니에게 물었다.

"할머니는 여행 이야기 안 해도 괜찮아요?"

"아이고, 나는 뭐 나만 좋았으면 됐지. 뭘 이야기해? 나는 괜찮아."

할머니를 잠시 나가 계시게 하고 할아버지와 이야기했다.

"할아버지 여행 어떠셨는지 저에게 이야기해 주세요."

"아니, 뭐, 그냥 좋았어. 괜찮아."

할아버지가 말을 안 하려고 한다. 스스로도 여행 이야기하는 게 주책이라고 생각하는 것 같다. 나도 십 년 전쯤에 태국 패키지여행을 다녀왔다. 과거 기억을 되살려 할아버지에게 물었다.

"코끼리를 십오 분 타셨어요? 삼십 분 타셨어요?"

"원장님도 태국 갔다 왔어? 어, 나는 삼십 분 탔지. 한 시간짜리도 있는데 그걸 안 타길 잘했어. 처음 탔을 때는 무서웠어. 높은 데서 흔들거리니까 무섭더라고. 그런데 코끼리를 처음 탔잖아. 꿈인가 생시인가 했어. 태국 사람이 같이 탔는데 한국말을 잘 더라고. 그 사람이 타잔 알지? 원장님은 알려나? 타잔?"

"그럼요, 잘 알죠. 아~ 아~ 아~ 타잔."

"아는구먼. 그 사람이 타잔처럼 아아아~ 하라고 하는 거야. 그러면 코끼리가 뿌우~ 한다고. 그래서 해 봤지. 마누라는 안 하고. 그랬더니 뿌우! 하는 거야. 하하하. 얼마나 신나던지."

"어? 저 때는 그런 거 안 했는데…."

"어? 원장님은 그런 거 안 했어? 우리만 했나."

"할아버지는 여자 같은 남자들이 쇼하는 거 봤어요?"

"봤지. 거참 이상한 애들일세. 나는 그 사람들하고 사진도 찍었어. 마누라는 뭘 사진을 찍냐고 하는데 얼마나 신기해? 그 사람들을 뭐라고 하던데…."

"트랜스젠더요."

"그래. 그런 것 같았어. 그런데 정말 여자같더라고. 이뻐도 그렇게 이쁠 수가 없어."

"제가 갔을 때 코끼리 쇼도 봤던 것 같은데요?"

"그래, 그래. 원장도 그건 봤구먼. 그래 코끼리 여러 마리가 나와서 춤을 추는 거야. 그러다 관객 보고 나오라고 해서 코끼리 발밑에 누우라고 하는 거야. 어떤 사람이 나가서 코끼리 발밑에 누웠는데 코끼리가 밟을랑 말랑 해서 얼마나 놀랐는지. 다시 가면 내가 그 발밑에 있어 보려고. 아이고, 언제 또 가 보겠나. 뷔페도 먹었는데, 정말 말로만 듣던 산해진미였다네."

할아버지는 눈과 귀와 몸에 들어간 신선한 이국의 경험을 신나서 이야기했다. 거의 한 시간 정도를 이야기 나눴다. 나도 잠시 할아버지와 함께 태국 여행을 갔다 온 듯해서 기분이 좋았다. 할아버지는 말씀도 시원시원하게 잘하셨다. 끝에 이렇게 말씀하셨다.

"내가 말을 못 해서 이 병에 걸렸나 봐. 정말 이야기하고 싶었어. 내가 본 것, 내가 느낀 것, 내가 한평생 시골에서 농사만 지으면서 살았잖아. 그래서 아들 둘에 딸 하나 잘 키웠지. 그러다 70년 만에 외국 땅에 간 거야.

비행기 내릴 때부터 신기했어. 다 외국 사람들로 북적거리고. 내가 여기에 왔네. 내가 외국에 왔네. 내가 죽기 전에 이국땅을 밟았네…. 신기했어. 내가 헛산 건 아니구나. 내 자식들이 나를 이렇게 여기까지 보내 주었구나. 너무 좋았어. 보는 것마다 신기했고 하는 것마다 놀라웠어. 코끼리를 타 보다니. 누구한테 발 마사지를 받다니. 내가 죽기 전에 별걸 다 해 보는구나.

돌아와서 이 이야기를 참 하고 싶었나 봐. 참지를 못하겠더라고. 내가 주책없는 걸 알면서도 사람만 보면 여행 이야기를 하게 되는 거야. 옆에 있는 마누라가 늘 말리고 눈치 주고 집에 와서는 구박했어. 동네에 여행 간 사람이 한 사람도 없는데 당신이 그렇게 자랑하면 남들은 어떻겠냐고. 뒤에서 욕먹는다고. 할멈 말이 맞지. 그런데 말 안 하는 게 너무 힘든 거야. 그때부터 가슴이 답답하고 얹힌 것 같고 가슴이 벌렁거리고 그랬어. 한숨도 나오고. 허, 그런데 원장님하고 이야기하니 가슴이 시원해졌네. 허허허. 이제 동네에서 이야기 안 해도 될 것 같아. 말을 못 해도 이런 병에 걸리나? 거, 참. 신기하네."

"할아버지, 또 이야기하고 싶은 거 생각나면 꼭 오세요. 이야기 안 하고 있으면 또 병 생겨요."

할아버지는 그 뒤에는 오지 않았다. 한평생 애쓰며 살아온 할아버지에게 태국 여행이 자녀들이 달아준 훈장처럼 남았으면 좋겠다. 그러고 보니 우리 부모님 방에도 액자로 된 큰 사진 하나가 걸려 있었다. 엄마, 아버지가 큰 코끼리 위에 타고 양팔 벌리고 환하게 웃는 사진이다. 왜 촌스럽게 이런 사진을 걸어 놓으셨을까 했는데. 그 할아버지 방에도 코끼리 사진이 붙어 있으려나.

노란 팬티 내기

정신과 전공의 1년 차는 내 인생의 터닝 포인트였다. 정신과 의사로서 첫 출발이자 무의식이라는 새로운 세계를 만났기 때문이다.

수련받을 당시 정신과 의국은 정말 자유로운 분위기였다. 교수라는 타이틀이나 년차가 높다는 짬밥으로 권위를 내세우지 않았다. 특히 40대 전후의 젊은 교수님들은 제자에 대한 애정과 열정이 넘치셨다.

젊은 교수님들의 생각은 자유로웠다. 전공의나 교수나 똑같은 인간이라면서 권위에 눌리지 말고 자유롭게 하고 싶은 말을 다 하게 했고 수시로 토론했다. 그 토론은 너는 왜 그런지, 나는 왜 그런지 서로의 내면을 탐색해 나가는 치열한 자기분석이었다. 그중에 정신분석을 전공한 이○○ 교수님은 특히 전공의에게 애정이 많았다.

* * *

서너 평 되는 좁은 의국에는 넓은 탁자가 하나 있고 구석에 이층 침대가 있다. 마치 자취방에서 여러 명이 함께 생활하는 것과 비슷했다. 이 교수님은 툭하면 의국에 들어와 쉬기도 하고 낮잠도 주무셨다. 전공의가 1층 침대에 누워 있으면 비집고 들어와 같이 누울 정도로 격의 없이 지냈다. 의국에 수시로 드나들다 보니 제자들의 일상적인 행동도 보게 되고 그러면서 자연스럽게 제자들의 무의식에 대한 분석도 해 주셨다.

그날도 점심 먹고 일층 침대에 누워 자고 있었다. 내 옆에는 이 교수님이 달라붙어서 같이 자고 있었다. 병동에서 호출이 와서 벌떡 일어났다. 교수님도 동시에 눈을 떴다. 잠옷처럼 입고 있던 수술복을 일반 바지로 갈아입는데, 교수님이 나를 보고 한마디 했다.

"아니, 윤우상! 팬티가 그게 뭐야? 팬티 안 갈아입고 다녀?"

팬티를 보니 앞부분이 상당히 노랗다. 갈아입을 때가 되었다…. 당시 팬티는 새하얀 러닝셔츠 같이 모두 하얀 면 팬티였다. 그러니 앞부분에 오줌이 조금만 묻어도 노래진다.

교수님의 팬티 지적질에 살짝 기분이 나빴다. 팬티에 오줌이 묻어서 노란 게 당연한 거지, 왜 남의 팬티 갖고 뭐라 하시지? 그래서 약간 반항심이 생겨서 툭 한마디 했다.

"교수님, 전공의 팬티 갈아입는 거까지 신경 쓰십니까?"

교수님이 약간 이외라는 듯이 나를 쳐다본다.

"바빠도 그렇지. 팬티는 갈아입어야지. 그렇게 누런 팬티를 입고 다녀? 언제 갈아입은 거야?"

"한 일주일 된 것 같은데요."

"뭐? 일주일?"

교수님이 놀라 되물었다.

"이번에만 그런 거야? 원래 일주일에 한 번 갈아입는 거야?"

남자 전공의가 당직을 자주 하니 준비한 속옷도 별로 없어서 그럴 수 있으려니 생각하고 물었을 것이다. 하지만 나는 진짜 팬티를 일주일에 한두 번 갈아입었다. 어떤 때는 일주일 내내 안 갈아입은 적도 있다. 팬티가 더럽다 싶으면 갈아입었다. 나는 당당하게 대답했다.

"원래 일주일에 한두 번 정도 갈아입습니다."

교수님이 어이없는 표정을 지으면서 말했다.

"나는 매일 갈아입는데? 그리고 하루이틀 안 갈아입는 애들은 있어도 일주일을 안 갈아입는 애는 없어. 네가 이상한 거야."

뭐가 이상하다는 걸까? 귀찮기도 하지만 그리 더럽지 않으니 안 갈아입는 건데. 뭘 팬티 갖고 저러시나 싶어 약간 짜증 내듯이 대꾸했다.

"교수님, 이건 그냥 개성이죠. 이런 사람도 있고 저런 사람도 있고요."

나의 반응에 교수님이 눈을 동그랗게 뜨고 쳐다본다. 그러더니 의미심장한 미소를 띠면서 말한다.

"개성일까? 습관일까? 팬티 갈아입는 게 어려워? 힘들어?"

"아니죠. 힘들 거야 없죠."

"그럼, 매일 갈아입어 봐."

"네? 매일요? 왜요?"

"깨끗하면 좋잖아. 나랑 내기하자. 네가 열흘만 매일 갈아입으면 내가 만 원 주고 매일 못 갈아입으면 네가 나한테 만 원 주고. 내가 검사는 안 할 테니까 네가 솔직하게 해 봐라. 내가 틀림없이 이길걸? 너 못 갈아입을걸?"

헐, 그 당시 만 원은 지금의 10만 원 정도다. 내가 마다할 리 없다. 팬티만 갈아입으면 만 원을 번다. 팬티 가지고 뭐라고 하는 교수님에게 보란 듯이 보여 주고도 싶어서 바로 약속했다. 팬티 갈아입는 걸로 내기하다니 어이가 없었지만.

 결론을 말하자면 나는 내기에서 졌다. 내기한 뒤에 나는 보란 듯이 팬티를 갈아입었다. 딱 사흘째까지는 말이다. 나흘째 되는 날 깜빡했다. 깜빡 한 것도 몰랐다. 닷새째에 아차, 팬티! 했지만 이미 게임은 끝났다. 어이구, 그걸 깜빡했네. 만 원 날아갔네….

 열흘 뒤 쿨하게 교수님께 만 원을 드렸다.

"갈아입으려고 했는데 깜빡했습니다."

 교수님이 의기양양하게 말했다.

"내가 이길 줄 알았지."

 그리고 이렇게 말씀하셨다.

"단순히 깜빡한 걸까? 프로이트가 그랬잖아. 말실수나 건망증도 무의식의 저항 때문이라고. 너처럼 팬티가 누래도 아무렇지도 않다는 게 독특하잖아. 남들은 어이구 어떻게 팬티를 일주일에 한 번 갈아입지? 하고 놀랄 텐데. 그리고 내가 지적하면 좀 쑥스러워하는 게 정상 아닌가? 너는 오히려 나한테 왜 그런 걸 갖고 따지냐고 대들었지. 한번 생각해 봐, 더러움에 대해서. 조금만 더러워도 난리 나는 강박증 환자들 있잖아. 너는 정반대야. 오히려 깨끗하면 난리 나는 것 같아. 한번 생각해 봐."

그러면서 내기에 이겨서 좋은지, 당신 생각이 맞아서 좋은지, 웃으며 덧붙였다.

"나중에 이 돈으로 술이나 한잔하자."

* * *

나는 그저 장난스러운 내기로 생각했다. 그런데 아니었다. 교수님은 나의 무의식적인 문제를 한 번 살펴보라는 숙제를 던진 것이었다. 더러움에 대해서 생각해 보라고? 나는 더러움에 대해서 신경을 안 쓴다. 바닥에 떨어진 것도 잘 주워 먹는다. 발도 매일 씻지 않는다. 소위 샤워도 보름에 한 번 목욕탕 갈 때만 했다. 그래도 나는 그게 문제라고 생각한 적이 한 번도 없었다. 그러다가 문득 대학 시절 내 모습이 떠올랐다.

검은 바바리코트를 입은 남자

대학 시절, 나는 겨울 내내 검은 바바리코트를 입고 다녔다. 그 바바리코트는 아버지가 청년 때 입던 옷이었다. 아버지는 뭐든 버리지 않는 분이다. 50~60년대 옛날 영상에 많이 나오는 그런 후줄근한 옷을 내가 입고 다녔다. 대학 때 나는 머리를 보름에 한 번 감았다. 정말이다. 그 당시는 집에서 샤워할 수 있는 시절이 아니었기에 찬물에 감던지 물을 데워서 대야에 붓고 몸을 꾸부려서 머리를 감아야 했다. 나는 그게 귀찮아서 이 주일에 한 번 목욕 갈 때만 머리를 감았다. 그러고 다녔으니 검은 바바리코트에는 늘 하얀 비듬이 떨어져 있었다. 비듬을 털지도 않았다.

여자 후배들이 옷 위에 떨어진 비듬을 보고 구박해도 나는 "어? 비듬 있냐? 네가 좀 털어봐라." 하면서 오히려 거만을 떨었다. 이 옷을 겨울에 한 번도 빨지 않고 입고 다녔다. 비듬 떨어진 검은 바바리코트는 그 당시 나의 시그니처였다. 그런데 돌아보니 검은 바바리코트를 입으면 뭔가 폼 나 보였고 남다른 프라이드를 느꼈던 것 같다. 신기하다. 냄새날 정도로 더러운 옷을 입고 그 위에 하얀 비듬이 떨어져도 창피하기는커녕 오히려 거만하게 다녔으니 말이다.

나는 이상한 사람이었던 것이다. 정신과적인 관점으로 보면 '증상'이라고 할 수 있다. 강박증 환자가 더러운 것을 못 참고 뭐든 깨끗하게 닦아야 직성이 풀리는 것처럼, 나는 그 반대의 증상을 가진 것이다. 더러움을 못 느끼는, 아니, 더러움을 즐기는 증상이다. 얼마나 '요상한' 증상인가?

* * *

노란 팬티 사건으로 검은 바바리가 떠올랐고, 그 속에서 나는 또 하나의 깨달음을 얻었다. 더러움은 아버지와 연관이 있었다.

아버지는 아주 꼼꼼한 분이다. 내가 고등학생 때였다. 일요일 날 아침, 집에서 공부하다가 잠깐 화장실에 갔다. 나는 정리하면서 공부하는 스타일이 아니라서 책상이 많이 어지럽혀져 있었다. 그래야 오히려 공부가 더 잘 됐다. 그런데 화장실을 갔다 왔더니 내 책상이 깔끔하게 정리정돈 되어 있었다. 불필요한 책은 책장에 꽂혀 있고 내가 봐야 할 책만 가지런히 책상 위에 줄 맞춰 놓여 있었다. 아버지가 정리해 놓은 것이다. 그 순간, 감정이 확 올라왔다. 나도 모르게 아버지한테 짜증을 냈다.

"왜 책상을 이렇게 해 놨어요?"

아버지가 꾸짖듯이 말씀하셨다.

"뭐가 이렇게야! 그렇게 어지러워 있으면 정신 사나워서 공부가 되겠냐?"

아버지가 방에서 나가자마자 나는 아버지가 정리한 책상을 마구 흐트러뜨렸다. 그리고 내 책상을 건드린 아버지에 대한 화가 가라앉지 않아서 그날 공부는 거기서 끝이었다.

아버지는 약간 강박적 성향이었다. 정리정돈, 깨끗, 깔끔, 예의, 배려 등등. 나는 늘 아버지의 그런 모습에 괜히 짜증이 났다. 사실 짜증 낼 일도 아닌데 말이다.

나의 더러움은 아버지와의 투쟁이었다. 깨끗하고 깔끔하고 정리정돈의 상징인 아버지 말이다. 나는 무의식적으로 아버지의 상징을 '깨끗함'으로 대체시켜 놓고 깨끗함을 더럽히는 투쟁을 해 왔다. 더러워야 내가 승리하는 것이다. 아버지의 검은 바바리코트를 허연 비듬으로 덮을 때, 나는 아버지를 이긴 것이다. 그건 무의식적인 나의 승리였다. 그래서 나는 코트 위에 떨어진 비듬에 오히려 프라이드를 느낀 것이다. 이 얼마나 오묘하고 교묘한 상징인가! 이 얼마나 놀라운 무의식의 장난인가!

  이런 해석이 말도 안 되는 것 같고 황당하게 생각될 수도 있을 것이다. 하지만 무의식이라는 것은 이런 식이다. 교수님이 팬티 이야기를 했을 때 보인 나의 반항심은 청결을 강요하는 아버지와 교수님이 오버랩되었기 때문이다. 내가 팬티 갈아입는 것을 깜빡한 것도 깨끗하면 내가 패배하는 것이기에 무의식에서 저항한 것이다. 하여튼 그때 그 노란 팬티는 내게 이론으로만 그러려니 했던 무의식의 힘과 그 유명한 오이디푸스 콤플렉스를 내 안에서 실체적으로 체험하게 해 주었다.

* * *

  오이디푸스 콤플렉스는 한마디로 삼각관계 갈등이다. 죽도록 사랑하는 한 여자를 놓고 나와 딴 놈이 경쟁하고 있다. 나는 그

놈보다 잘 생겼든 학벌이 좋든 돈이 많든 뭐든 잘 난 게 있어야 한다. 그놈을 어떻게든 이기고 싶다. 아니 죽이고 싶다. 이 삼각관계 틀 속에 여자를 엄마로 바꾸고, 경쟁하는 놈을 아버지로 바꾸면 그게 바로 오이디푸스 갈등이다.

어린 꼬마의 무의식에는 아빠를 이기고 엄마를 차지하고 싶어 한다. 그런데 내가 더 힘이 세든 돈이 많던 해야 엄마라는 여자를 내 것으로 만들 수 있다. 그런데 어린 내가 아버지를 이기기에는 힘도 약하고 돈도 없다. 그러니 다른 것으로라도 이겨야 한다. 열등한 나는 아버지의 깨끗함을 더럽힘으로써 무의식 속에서 승리의 '자뻑'을 만끽했던 것이다. 나의 검은 바바리는 오이디푸스 콤플렉스의 결과물이었다.

나는 노란 팬티 사건으로 이런 무의식의 세계를 처음으로 제대로 만나게 되었다. 그러니 노란 팬티를 통해서 내 무의식을 직접 만나게 해 주신 교수님, 무의식의 바다를 처음으로 보게 해 주신 교수님…. 감사합니다. 이 교수님이 아니었다면, 아마 지금과 같은 정신과 의사가 되긴 힘들지 않았을까 생각해 본다.

총 맞은 것처럼 가슴이 아파

전공의 수련을 마치고 정신과 전문의가 되어 의국을 떠난 지 10년쯤 되었다. 하루는 한밤중에 집 전화기가 요란스럽게 울렸다. 그때는 핸드폰이 없던 시절이다. 따르릉, 따르릉, 따르릉. 전화벨이 몇 번은 울렸을 것이다. 누가 업어 가도 모를 정도로 깊이 잠든 시간이다. 새벽 세 시인가. 그 시간에 집 안이 쩌렁쩌렁하게 전화벨이 울리는 이유는 하나다. 입원 환자에게 뭔가 위험한 일이 벌어진 것이다. 거의 비몽사몽, 혼수상태였지만 한쪽 정신이 날카롭게 살아서 전화를 받았다.

"선배님, 여기 중대 의국 1년 차 ○○입니다."

"우잉? 중대 의국? 어째?"

"선배님, 이○○ 교수님께서 어젯밤 11시쯤에 돌아가셨습니다…."

쿵!

"뭐! 왜?"

"잘 모릅니다. 심장마비 같습니다. 집에서 계시다가 갑자기 돌아가셨다고 합니다. 내일 오셔야겠습니다. 새벽이라도 당장 전화 돌리라고 해서 전화 드렸습니다. 죄송합니다."

정말 꿈인지 생시인지 분간을 못 했다. '이 교수님이 돌아가셔? 정말? 말도 안 돼….'라고 혼란했다가 바로 다시 깊은 잠에 빠졌다.

그 잠 속에서 나는 꿈을 꿨다. 옛날 형사들처럼 내가 어깨에 메는 권총을 차고 있었다. 그런데 어디서 총알이 날아와 내 가슴에 꽂혔다. 그런데 그 총알이 다행히 내가 찬 권총에 맞아서 심한 통증만 남겼을 뿐 심장은 괜찮았다.

아침에 일어나자 마자, '어? 이○○ 교수님이 돌아가셨다고 했는데…. 꿈이었나? 어? 맞아. 진짜야…. 심장마비로?' 갑자기 내 왼쪽 가슴이 아팠다…. 동시에 꿈도 떠올랐다. 꿈에서 총을 맞아서인지 아팠다. 너무 아팠다. 그 교수님 나이, 만으로 마흔여덟이었다. 정신과 학회에서 중추적인 역할을 하던 촉망 받던 교수님이셨다.

돌아가시기 한 달 전쯤에 교수님과 만나서 술을 마신 적이 있었다. 그때 취중에 내가 교수님께 잔소리를 했다.

"교수님, 저희 때랑 다르게 요새 전공의들하고 잘 어울리지 않는다면서요? 그러시면 안 되죠. 의국에도 자주 들르고, 같이 술도 마시고, 더 열심히 가르쳐 주셔야죠."

교수님이 약간 취하셔서 투덜대셨다.

"야, 너 때는 내가 마흔 살이었어. 이제 내가 조금 있으면 오십이야, 오십! 오십 된 교수가 애들 하고 침대에서 뒹굴, 나이냐? 애들도 불편해 해. 이제 내가 할 일 아니야. 젊은 교수들이 해야지."

그래, 교수님을 늘 젊게만 생각했었는데 오십이 되셨다. 그러면서 내가 참 복 받았다고 생각했다. 교수님과 함께 격의 없이 뒹굴면서 많은 가르침을 받았기 때문이다.

감사하다. 감사하다.

그런데, 지금 그 노란 팬티 교수님은 내 마음속에만 살아계신다. 보고 싶다⋯.

* * *

지금 나는 깨끗하게 살고 있다. 샤워는 이틀에 한 번 하고, 속옷은 샤워하는 날에 같이 갈아입는다. 규칙적으로 나름 깨끗하게 생활하고 있다. 가끔 깜빡하고 사나흘 만에 샤워하는 날도 있긴 하다. 아내가 툭하면 묻는다.

"오늘 샤워하는 날 아니에요?"
"어제 했어요."
"속옷은 안 갈아입어요?"
"어제 갈아입었어요."
"당신 참 이상해. 샤워는 이틀에 한 번 한다고 해도 속옷은 매일 갈아입으면 안 돼? 그게 그렇게 어려워?"

지금도 이런 이야기를 달에 한두 번 들으며 산다.

면도칼을 삼킨 남자

정신과 의사는 폭력 위험에 노출되어 있다. 많은 정신과 의사가 진료실 구석에 방어무기를 숨겨 두는 이유다. 주로 야구 방망이, 골프채, 전기 충격기, 가스총 등이다. 나도 환자가 볼 수 없는 구석에 야구 방망이를 숨기고 있다. 충동적인 행동을 하는 환자들 때문에 만일의 사태에 대비해야 한다.

* * *

40대 후반의 알코올 중독 환자가 입원했다. 한마디로 독종 환자였다. 한 번 꼭지가 돌면 무슨 말로도 설득이 안 되고 자기 뜻대로 안 되면 공격적으로 변했다. 이 환자는 작년에 입원했을 때도 툭하면 싸우고, 사사건건 시비를 걸어 치료팀을 힘들게 했다. 퇴원하고 얼마 지나지 않아서는 술 취한 채로 휘발유 통을 들고 병원을 찾아와 불 질러 버린다고 난리를 쳤고 경찰을 불러 겨우 수습했다.

그 환자가 내 외래 시간에 왔다. 형님 두 명의 손에 이끌려서. 한 달 전부터 술에 취해 살면서 근처에 사는 노모를 찾아가 돈 달라고 행패를 부렸단다. 최근에는 밥도 안 먹고 술만 마시고 집에 쓰러져 있어 그대로 놔두면 죽겠다 싶어서 입원시키러 온 것이다. 환자에게는 외래 진료만 하자고 속인 상태였다. 외래 진료 전에는 큰형이 먼저 찾아와서 꼭 입원시켜달라고 신신당부했다. 마음에 내키지 않았지만 어쩌랴. 우리 병원에서 안 받아주면 이 환자는 어디서 치료받겠나. 알았다고 약속했다.

환자와 면담했다. 술 냄새가 심하게 났고 나를 쳐다보는 눈빛은 날카로웠다. 몇 가지 형식적인 질문 뒤에 내가 말했다.

"○○ 님은 입원이 필요할 것 같은데요."

"입원 안 해요. 약이나 주쇼."

거친 대답에 약간 쫄았지만, 보호자와의 약속도 있어서 조금 강하게 입원을 권유했다.

"이렇게 술 마시다가는 돌아가실 수도 있어요. 입원하셔야 합니다."

그 순간, 환자가 욕을 뱉으면서 허리띠를 쭈우욱 풀더니 왼손에 칭칭 감았다. 주먹 앞쪽으로 외제차의 문양같이 생긴 둥그런 쇠버클이 툭 튀어나왔다. 그는 쇠 버클 주먹을 쳐들고 나를 노려보면서 말했다.

"나 입원시키면 너 죽여버릴 거야!"

뒤에 있던 형님이 놀라서 말했다.

"야! 너 원장님한테 무슨 짓이냐?"

환자는 다시 살기 어린 목소리로 협박했다.

"너, 입원시키면 죽여버릴 거야!"

이런! 손에 감긴 혁대의 쇠 버클이 유난히 커 보였다. 저거에 한 대 맞으면 내 광대뼈는 으스러질 것이다. 장난이 아니다. 나는 바로 꼬리를 내렸다.

"네에, 입원하고 싶지 않으시면 안 해도 됩니다. 꼭 입원하실 필요는 없어요. 환자분이 동의해야 입원하는 거죠. 약만 타서 가도 됩니다."

형님들은 뒤에서 입원시켜야 한다고 손사래를 친다. 나도 어쩔 수 없다. 형님들 부탁보다는 내 광대뼈 보호가 우선이다. 약만 처방하고 환자를 내보냈다. 차라리 다행이다. 그 환자가 입원하면 병실에서 매일 시끄러웠을 것이다. 치료진 말 안 듣고 다른 환자와 다투고. 그런 환자는 정말 안 받고 싶다.

* * *

안심하고 있는데 조금 있다가 원무과에서 전화가 왔다.
"원장님, 아까 그 환자가 입원한다고 다시 왔는데요."
'우잉? 입원한다고? 형님들이 억지로 데리고 오는 거 아냐?' 본능적으로 바로 구석에 숨겨 둔 야구 방망이에 눈이 갔다. 야구 방망이를 손에 닿을 정도로 가까이 두었다. 곧 환자가 다시 들어왔다. 그런데 이상하게 얌전하다. 형이 말했다.
"원장님, 딱 한 달만 입원하기로 동생하고 약속했습니다."
입원 안 했으면 하는 마음으로 환자에게 물었다.
"한 달 입원하기로 했나요? 하기 싫으면 안 해도 됩니다. 강제로 입원시킬 마음은 없습니다."
"입원하겠습니다. 딱 한 달만 하겠습니다."
아이고, 입원하겠다고? 한 달? 그래, 한 달 정도야 견뎌 봐야지. 대신 입원하자마자 마음이 바뀌어 퇴원하겠다고 할 수 있으니 강제 입원 형식으로 서류를 쓰자고 했다. 강제 입원하면 퇴원 의사를 밝혀도 보호자 동의를 받아야 퇴원할 수 있다.

환자는 입원 후 일주일 정도를 얌전하게 지냈다. 그런데 아니나 다를까, 시간이 지나자 퇴원을 요구하기 시작했다. 술 갈망이 올라온 것 같다. 약속을 지키자고 해도 막무가내다. 환자는 입원한 지 이 주가 되는 날 퇴원하겠다면서 일방적으로 퇴원 날짜를 정했다. 설득은 소용없었다. 또 무슨 사고를 칠까 걱정되어 큰형에게 전화해서 퇴원시켜야겠다고 알렸다.

형은 퇴원을 거부했다. 한 달 입원하기로 했으니, 자기네는 퇴원 못 시킨다고 딱 잘라 말했다. 난처했다. 어쩔 수 없이 환자를 다시 설득해야 했다. 이번에는 겁먹지 말고, 내가 더 세게 나가야겠다고 마음먹었다.

환자는 나를 노려보며 퇴원 안 시키면 가만 안 놔두겠다고 협박했다. 그런 협박이야 수도 없이 받아봤지만, 이 환자의 눈빛과 태도는 정말 장난이 아니었다. 몸에 긴장이 쫙 흘렀다. 그래도 나는 물러서지 않았다. 당신도 한 달 약속하고 입원했으니 그 전에 퇴원은 절대 안 되고 한 달째 되는 날 바로 퇴원시켜 주겠다고 단호하게 못 박았다.

그날 밤 잠이 막 들었을 즈음, 병원에서 전화가 왔다. 때르릉 소리에 가슴이 쿵! 하고 놀란다. 오밤중에 오는 전화는 딱 두 가지 이유다. 환자가 신체적으로 응급상태이거나 아니면 폭력

사건이 일어난 것이다. 수화기 너머 간호사가 떨리는 목소리로 말했다.

"원장님, ○○ 환자 있잖아요."

"네."

아이고, 그 환자가 사고 쳤구나.

"그 환자가 면도칼을 먹었어요."

"네? 면도칼요?"

"네. 원장에게 알리라면서 제 앞에서 면도칼을 꺼내 네 조각으로 잘라 먹었어요. 일단 남자 직원들이 그 환자를 보호실에 격리시켜 놨어요."

아이고. 세상에나….

"환자는 괜찮아요?"

"네. 지금 아무렇지도 않아요."

"아니, 면도칼을 어디서 났대요?"

"모르겠어요. 침대랑 사물함이랑 다 조사했는데 다른 면도칼은 못 찾았어요. 어디서 났는지 물어도 말을 안 해요. 응급실 가야 할까요?"

병원에서는 사고의 위험성이 있어서 칼이나 면도칼 등 날카로운 물건은 소지할 수 없다. 수시로 검사하고 관리한다. 그런데 어디서 구했지? 그리고 또 갖고 있다면? 야간 근무 간호사나 보호사도 놀랐다고 한다. 어떻게 하지. 지금 응급실에 가 봤자 엑스레이 찍고 그 다음엔? 당장 수술할 것도 아닌 데다가, 이 밤중에 대학병원 응급실에 가면 이탈 가능성도 있다. 복잡하다.

"가지 마세요. 환자가 괜찮다니 내일 아침에 내가 보고 결정할게요."

* * *

아침 일찍 출근해서 환자를 만났다. 멀쩡했다. 퇴원 안 시켜줘서 그랬단다. 면도칼이 또 있는데 어디에 숨겨 놨단다. 그 얇은 칼을 어디서 찾으랴. 숨긴 칼로 또 뭔 짓을 할지 모른다. 정말 독종이다.

정신과 의사 30년 하면서 환자들의 별의별 진기명기를 다 봤지만, 상처 하나 없이 면도칼을 먹는 환자는 또 처음이다. 혀 안 베이나? 목에 안 걸리나? 식도에 안 박히나? 어떻게 먹을 수가 있지? 퇴원 안 시키면 또 무슨 짓을 할지 모른다. 고민할 거 없다. 퇴원이다.

큰형에게 상황을 설명하고 퇴원해야 한다고 했다. 가족이 퇴원시키러 오지 않아도 병원에서 강제 퇴원시키겠다고 했다. 어쩔 수 없다고 생각한 형이 왔고, 동생에게 온갖 욕을 하고 퇴원시켰다. 형한테 욕까지 먹어서 화가 났는지 환자는 퇴원하면서 나를 노려보며 협박했다.

"당신, 나 면도칼까지 먹게 했어. 두고 봐. 칼로 쑤셔 버릴 테니까."

나를 쏘아보는 날카로운 눈빛이 섬뜩했다. 퇴원하면서 협박하는 환자는 이 환자가 처음이었다. 아무리 병원에서 난리 치던 환자도 퇴원할 때는 대개 기분 좋게 인사하기 때문이다. 기분이 상당히 안 좋았다. 덩달아 입원할 때 협박했던 쇠 버클까지 떠올랐다.

* * *

환자가 퇴원하고서도 며칠 동안 불안이 올라왔다. 술 취해서 휘발유 통 들고 불 지르겠다고 왔던 환자 아닌가. 정말 술 먹고 칼 들고 올지도 모른다. 전화벨 소리만 울려도 가슴이 뜨끔했다. 일주일 정도 지났을까. 불안이 가라앉을 즈음에 원무과에서 전화가 왔다.

"원장님, ○○ 환자가 원장님 찾아왔는데요."

우잉? 그 면도칼 환자다. 오늘 내가 외래 보는 날도 아닌데 왜 왔지? 불안이 엄습했다. 가슴이 콩닥거렸다.

"왜 왔대요?"

"원장님 뵙겠다고 왔는데요?"

"술 취했나요? 그리고 다시 물어봐 주세요. 왜 나를 보러 왔는지요."

다시 전화가 왔다.

"술은 안 마신 것 같은데요? 원장님께 직접 만나서 이야기할 게 있다고 해요."

알 수가 없다. 정말 날 해코지하러 왔을까? 온몸에 소름이 쫙 끼쳤다. 본능적으로 야구 방망이를 찾았다. 이 독종이 정말 칼이라도 들고왔으면 어떡하지? 내 방으로 오라고 할 수는 없다. 둘만 남게 되니까. 내가 사람 있는 대기실로 나가야 한다. 원무과 직원이나 다른 남자 직원을 부르기는 애매하다. 실제 나를 해코지 하러 온 것이 아닐 수도 있는데 괜히 설레발쳐서 겁쟁이라는 소문나기는 싫다.

'어쩌지? 야구 방망이를 들고 나갈까? 의사 가운 입고 야구 방망이를 들고 나가?'

그건 아니다. 방을 둘러보니 운동한다고 둔 아령이 눈에 들어왔다.

'아령을 들고 나가? 어쩌려고? 환자 머리통을 부수려고?'

안 되겠다. 그때 책상 위에 뭔가 눈에 띄는 게 있다. 악력기다. 손잡이가 쇠는 아니지만 꽤 단단하다. 사다 놓고 쓰지도 않던 건데, 이럴 때라도 써야겠다. 갑자기 덤비면 저걸로 때려버리자. 그리고 심장을 보호하기 위해서 두꺼운 책을 들고 나가자. 내 방에서 제일 두꺼운 하드커버 의학책을 꺼냈다. 점잖게 가운을 입고 대기실로 나갔다. 왼손에는 공부하다 나온 듯이 책을, 오른손에는 운동하다 나온 듯이 악력기를 들고. 심장이 쿵쾅거렸다.

환자는 대기 의자에 앉아 있다가 나를 보고 일어선다. 나를 보는 눈빛이 심상찮다. 나는 일정한 거리를 두고 초긴장 상태로 물었다.

"무엇 때문에 오셨나요?"

환자가 재킷 안주머니에 손을 집어넣는다. 순간 왼손의 하드커버 책을 가슴께로 더 붙이고, 오른손의 악력기를 꽉 잡았다. 그런데 환자가 호주머니에서 뺀 것은 흉기가 아니라 종이 서류였다. 일단은 안심했다.

"뭡니까?"

독종이 어색한 웃음을 지으며 말한다.

"근로 능력 평가서 써 주세요."

기초생활 대상자를 유지하려면 근로 능력이 없다는 의사 소견이 있어야 한다. 그 소견서를 부탁하러 온 것이다. 허탈해졌다. 원무과에서 왜 왔냐고 물어봤을 때 서류 떼러 왔다고 하면 그만인 것을. 이런 어이없는 짓을 하게 만드나! 왼손에 무거운 의학책을 들고 오른손에는 악력기를 들고!

"아, 네. 써 드려야죠."

"근로 능력 없다고 써 주실 거죠?"

"그럼요. 그렇게 써 드려야죠."

안 써 주겠다면 당신이 가만히 있겠나? 또 눈 돌아가겠지.

"잠깐만 기다리세요. 책을 좀 놔 두고 와야겠네요."

몸을 돌려 다시 내방으로 가는데 왼손에 든 두꺼운 책이 의외로 무거웠다. 가슴에 올렸던 책을 자연스럽게 아래로 내렸고 오른손의 악력기를 쥐었다 폈다 하면서 걸었다. 마치 운동하는 것처럼 자연스러워 보이도록. 참, 정신과 의사도 별 쇼를 다 한다. 고생한다.

소견서를 작성해 주자 독종은 고맙다고 90도로 허리를 굽혀 인사하고 갔다. 아, 그리고…, 맛있게 드신 면도칼이 어떻게 되었는지 묻지는 못했다. 나오다가 항문에 꽂히지는 않았는지….

* * *

    몇 년 전에 한 유능한 정신과 교수가 외래에서 진료하던 중에 조현병 환자의 충동적인 행동으로 안타깝게 세상을 떠났다. 고 임세원 교수님이다. 교수님은 자살 예방에 애써 온 존경받는 의사였다. 고인이 쓴 책이 있다. 《죽고 싶은 사람은 없다 (2021, 개정판)》이다. 고인이 극심한 허리 통증으로 인해 우울증에 걸리고 그걸 극복하는 과정을 써 내려간 자전적인 이야기다. 마음이 힘들거나 신체적인 고통으로 힘들어하는 분에게 위안과 희망을 주는 좋은 책이다. 많은 분이 임세원 교수님의 책을 읽고 위로와 희망을 얻었으면 좋겠다.

땍땍이 수간호사

정신병동에서 간호사로 근무한다는 건 보통 일이 아니다. 정신과 입원 환자들과 매일 함께 생활하고 있으니 웬만한 인내와 애정이 없이는 견디기 힘들다.

우리 병원 5병동은 남자 환자만 70명 있는 폐쇄병동이다. '땍땍이 수간호사'는 5병동 수간호사의 별명이다. 내가 만들고 나만 속으로 생각하는 별명이다. 알면 큰일 난다. 그녀는 정신과에서 간호사 일을 시작했고, 30년 가까이 정신과 간호사로만 일하고 있다. 키는 작지만, 얼굴은 귀엽고, 말은 드세다.

"원장님! 오더 좀 빨리 내 주세요. 늦게 내면 우리가 힘들잖아요."

"원장님! 저희가 보고하면 제때제때 처리해 주요. 미적미적 하시면 우리가 힘들어요."

"원장님! ○○ 환자 매점 데려가지 말아요. 살만 찌잖아요."

"원장님! 짜증 좀 내지 마세요. 우리가 스트레스 받잖아요."

그녀는 거침없이 말한다. 대개 간호사들이 의사 눈치 보고 조심하는데 이 수간호사는 망설임 없이 할 말 다 한다. 그래도 뭐라고 말 못 한다. 거의 다 옳은 말이기 때문이다.

의사한테만 그러는 게 아니다. 덩치 큰 남자환자들에게도 떽떽거린다.

"○○ 씨! 좀 씻어요! 머리에 비듬이 그게 뭐예요."

"○○ 씨, 좀 돌아다녀요. 매일 침대에서 뭐 해요."

"○○ 씨 돈거래 하지 마세요. 그러면 자유 산책 금지하라고 할 거예요."

"○○ 씨! ○○ 씨!!"

떽떽이 수간호사는 하루 종일 돌아다니면서 잔소리한다. 그래도 환자들은 수간호사에게 순한 양처럼 군다. 이 수간호사가 정말 열심이기 때문이다. 환자 침상을 정리해야 한다고 침대를 들었다 났다 하고, 청소 여사님이 쉬는 날에는 본인이 비닐장갑 끼고 팔 걷어붙여 화장실 바닥을 박박 닦는다. 발목을 삐어서 붕대를 칭칭 감고서도 병동 여기저기를 분주히 돌아다닌다. 환자들에게도 애정과 열정을 쏟는다. 씻기고 입히고 먹이고 야단치고 달래고 상담하며 하루 종일 열심이다. 남들이 거리낄 일도 먼저 나서서 해낸다.

카톡 알림 소리가 나서 보니 수간호사가 사진을 보냈다. 사진 속에는 탁구공만 한 똥 덩어리가 대여섯 개 있다. 그 밑에 이렇게 써 있다.

[○○ 씨. 변비약 먹고도 똥 못 싸고 배 아프다고 해서 팠어요. 자갈 똥이 이렇게 많이 나왔어요. 이제 괜찮을 거예요.]

또 수간호사가 핑거 에네마를 했나 보다. 만성변비로 고생하는 퇴행된 정신 지체 환자를 위해 항문에 손가락을 집어넣어서 딱딱한 똥을 파 주는 것이다. 내가 한번은 남자 환자에게 핑거 에네마 하는 거 불편하지 않은지 묻자, 수간호사는 의아하게 쳐다보며 환자인데 어떠냐고 답했다.

그래도 뭐 이런 똥 사진을 보내나. 그냥 말로 보고하면 되지. 내가 답 문자를 보낸다.

[아이고~ 이런 사진은 안 보내도 돼요~.]

단호하게 답이 온다.

[원장님 환자니까 어떤 상태인지 잘 알고 계셔야죠.]

* * *

아침 회진 돌려고 병동에 올라갔다. 수간호사가 씩씩거리면서 이야기한다.

"○○ 할아버지 있잖아요, 글쎄 내가 할아버지 발에 피부약 발라 주는데 내 엉덩이를 만지는 거 있죠. 그래서 내가 등짝을 한 대 세게 때려 주었어요. 어디서 여자 엉덩이를 만지냐고요? ○○ 할아버지가 원장님한테 수간호사가 자기 때렸다고 그러면 더 혼내 주세요!"

만성 환자들이 있는 정신병동에서 근무하는 간호사들은 참 힘들다. 퇴행되어 자기 관리도 잘 못하는 환자를 씻기고, 손발톱 깎아 주고, 망상으로 횡설수설하는 이야기 들어 주고, 간호사가 자기 부인이라고 쫓아다니는 환자에게 시달리고, 언제 터질지 모를 폭력 상황에 불안하다. 때로 환자에게 욕도 먹고, 맞기도 하고, 울기도 한다. 정말 고생한다. 위험한 곳이다. 하지만 애정이 넘친다. 그곳, 이상한 나라의 최전선에서 온몸과 마음으로 애쓰는 우리 간호사님들이 정말 대단하다.

한 간호사가 이렇게 말한다.

"저는 여기서 일하는 게 행복해요. 매일 웃음도 주고 재미있는 일도 많고 정도 많잖아요. 환자분들도 순수하고 귀엽잖아요.

그리고 누가 저보고 예쁘다고 해 주겠어요? 여기서나 들어보죠. 호호호."

그 간호사는 한 달 전에 망상 환자에게 심한 욕을 먹고 찔끔찔끔 눈물 흘리면서 힘들어서 못 하겠다고 했었다.

* * *

어느 정신병원에서 근무할 때다. 50대 초반의 간호사 한 분이 새로 왔다. 내과 병동에서만 근무하다가 사정이 있어 정신병동으로 오신 분인데 적응해 보고 근무를 결정할 계획이었다. 그러나 그분은 한 달 정도 근무하고 적성에 안 맞는다고 그만두셨다. 그때 이런 이야기를 했다.

"저는 정신과 간호사들이 이해가 안 돼요. 왜 정신과 간호사를 하는지 모르겠어요. 여기 있는 사람들, 솔직히 사회에서 오갈 데 없는 사람들 아닌가요? 쓸모없는 사람들이잖아요. 이 사람들이 치료받고 사회로 나가는 것도 아닌데요. 간호사도 전문가인데 보람도 없이 왜 여기서 일하는지 모르겠어요."

그 간호사에게 아무 말도 하지 않았다. 속으로만 생각했다.

'그래, 우리 간호사들이 왜 이런 데서 일하는지 모르겠지. 사회에서 쓸모없는 사람들을 데리고 뭐 하고 있는지 모르겠지. 그래, 당신은 모를 거야. 우리 정신병동 간호사들의 애정과 열정을, 그들의 웃음과 울음을, 그들의 감사와 미안함을, 그들의 희생과 헌신을 모르겠지. 그걸 알 리가 없지.

그리고 또 모를 거야. 무기력하게 보이는 환자들이 여기서 얼마나 절절하게 살아가는지. 그들의 사랑과 미움을, 그들의 기쁨과 슬픔을, 그들의 순수와 열정을, 그들만의 소중한 세상을 모르겠지 알 리가 없지.

그래, 사람들은 모르겠지. 여기에 어떤 인생이 펼쳐지고 어떤 치열한 삶이 있는지 모르겠지. 바깥세상보다 더 순수하고 더 정 있는 세상이 있는지 모르지. 여기 정신병동에서 살고 있는 우리에게 어떤 사랑이 있는지, 어떤 희망이 있는지, 어떤 감사가 있는지….

당신들은 모르지.

모르겠지….

정신병동에도 봄이 왔어요

3월, 긴 겨울이 지나고 봄이 오면, 정신병동에도 봄이 온다. 병동 안에 봄꽃이 피어나고 봄나비가 훨훨 날아다닌다. 오늘도 정신병동 문을 열고 꽃과 나비가 들어온다. "안녕하세요." 하고 인사하며 들어오는 실습하는 학생 간호사들이다. 그들이 오면 병동에는 활기가 찬다. 봄 냄새에 취한 듯 환자들은 일어나고 얼굴에 화색이 돈다. 특히 남자 폐쇄병동은 확연히 깨어난다.

누워만 지내던 환자들이 꾸역꾸역 나온다. 무표정이 호기심의 미소로 바뀌고 느릿느릿하던 몸도 빨라진다. 병동 프로그램에 일 년 내내 참여하지 않던 환자들도 옆에서 기웃거린다. 탁구 한 번 안치던 환자가 탁구채를 잡고, 노래방 마이크 한 번 안 잡던 환자가 노래 솜씨를 뽐낸다. 사회복지 선생님이 프로그램 참여하라고 소리쳐도 꿈적하지 않던 환자들, 믹스 커피로 꼬셔도 본체만체하던 환자들이 뭔가에 홀린 듯이 따라 나온다.

정말 신기한 마법의 학생들이다. 밝은 목소리와 깔깔대는 웃음소리가 어두침침한 무욕의 세상을 흔든다. 싱그런 간호학과 학생 대여섯 명이 긴 겨울잠을 자고 있는 환자들을 깨우고, 열정을 깨우고 희망을 깨우고 사랑을 깨운다.

환자들의 변화는 프로그램 참가뿐 아니다. 그들은 학생 간호사와 가까워지려고 별 노력을 다 한다. 펜글씨로 시를 써서 주고, 티슈로 세밀하게 접은 장미꽃도 선물하고, 망상으로 가득한 자기 일기를 보여주기도 한다. 종이접기는 두세 배로 늘어난다. 육해공 생물이 다 나온다. 거북선을 만들어 니스까지 칠해서 선물로 주고, 천 마리 종이학을 접어주고, 공룡도 나오고 못 보던 물고기도 등장한다. 어떤 환자는 병원 잔디밭에서 네잎클로버를 따서 준다. 나도 네잎클로버를 따 보려고 30분을 눈 빠지게 찾아도 허사였는데, 그 환자는 열 개, 스무 개를 매일 따서 학생들에게 준다. 신기한 능력이다. 이런 재능들을 어디다 숨겨 두고 이제야 꺼내는지.

그중 제일 압권은 손금 환자다. 그 환자 별명이 '손금이'다. 다른 환자들이 손끔아, 손끔하, 하고 부른다. 어디서 손금을 배웠는지, 독학했는지 모르지만 툭하면 의사, 환자, 간호사, 병원을 찾는 자원봉사자들 손을 잡고 손금을 봐준다. 들어 보면 그럴듯해서 손을 맡기는 사람도 호기심과 신기함으로 반응한다.

손금 환자가 제일 행복하다. 원래 손금 보는 환자라는 걸 다 아는지라 합법적으로 젊은 학생들 손을 잡을 수 있기 때문이다. 물론 그 환자는 정말 무욕의 환자다. 순수하게 손금에 집중한다. 그러니 학생 간호사들도 환자에게 손을 맡기면서 크게 의심과 불안과 저항이 없다. 학생들은 손금을 보면서 "어머, 정말이에요?" 하면서 오버 액션까지 해 준다. 그리고 서로 자기네들끼리 깔깔거리면서 '너는 이런 손금이구나' 하면서 재미있어 한다. 정말 그 환자가 손금에만 집중하는지, 아니면 숨은 욕망을 만족하는 것인지는 모르겠다. 설령 그럴지라도 못하게 말릴 수는 없다. 그의 가장 소중하고 잘하는 것을 학생 간호사가 왔다고 못 하게 하면 얼마나 슬퍼할까.

* * *

병동에는 순진한 환자들만 있는 건 아니다. 좀 엉큼한 알코올 환자가 있었다. 이 환자는 학생 간호사가 오자마자 자기 마음에 드는 학생에게 접근한다. 정신병원 실습 나온 첫날, 학생들은 불안하고 두렵다. 낯선 환경, 특수한 환자들 속에서 뭘 해야 할지, 누구와 어떻게 말해야 할지 모르고 우왕좌왕한다. 그래서 누가 먼저 말을 걸어주면 다행으로 생각한다. 그 알코올 환자는 이런 학생들에게 전략적으로 접근한다. 우선 마음에 드는 학생에게 친절하게 접근해서 대화를 자주 나눈다. 친밀해지면 다음 단계는 오목을 두자고 한다. 자기 나름으로 밀크커피를 마시면서 오목 두는 데이트를 하는 것이다. 그런데 이 환자는 흑심이 있어서 오목을 두면서 가끔 간호학과 학생의 손이나 팔을 슬쩍슬쩍 스치듯이 만진다. 학생들은 느낀다. 이 환자가 자기를 터치한다는 걸.

실습 시작 전에 수간호사는 학생들에게 환자들이 터치하는 경우에 지체 없이 말하도록 교육한다. 그래도 말하지 못하는 학생들이 가끔 있다. 학생 한 명이 실습 끝나는 날, 교육 소감문 써서 낼 때 그 이야기를 썼다.

[○○ 환자가 살짝살짝 터치해서 기분이 나빴는데 수간호사에게 말하면 그 환자가 나중에 저한테 해코지를 할까 걱정되어 말을 못했어요.]

땍땍이 수간호사가 열 받았고, 알코올 환자를 불러 단단히 야단치고 앞으로 실습 나온 간호학과 학생과 오목을 두거나 하는 일대일 접근을 금지시켰다. 환자는 억울한 듯이 하소연한다.
"내가 뭘 그랬다고요? 나는 그런 음흉한 놈 아니에요. 학생이 오해한 거죠. 학생과 대질심문 해 보자구요."
수간호사가 쏘아붙였다.
"얄팍한 술수 쓰지 마요! 실습 다 끝나서 집에 간 애를 뭘 불러요? ○○ 씨! 또 그러면 내가 성추행범으로 고발할 겁니다!"
알코올 환자 ○○ 씨는 꼬리를 내렸다. 이 자리에서는. 그 후로도 그 환자는 여전히 호시탐탐 학생 간호사에게 접근하다가 수간호사에게 된통 혼나고 있다.

* * *

학생들도 첫날에는 긴장하면서 실습하지만 이삼일 지나면 마음이 편해져서 환자들과 이야기도 나누고 탁구도 치고 프로그램 진행도 돕는다. 순하고 잘 따르는 환자들하고는 어느새 누나, 동생같이 친해진다. 2주일 실습이 끝날 때, 학생들은 환자들과 정이 들어 이별을 힘들어한다. 참 순수한 학생들이다. 실습 마지막 날 수간호사가 학생들과 미팅을 한다. 한 학생이 눈물을 글썽이며 말한다.

"선생님, 환자들하고 정이 들어서 이별하기가 쉽지 않네요. 실습하면서 이런 마음은 처음이에요."
"그래요. 정을 많이 주었나 보네요."
또 다른 학생이 걱정되는 듯 말한다.
"우리도 그러는데 환자분들도 많이 힘들어 할 것 같아요."
수간호사가 무덤덤하게 말한다.
"그러겠죠. 그래도 우리 환자들은 또 살아가겠죠."
정이 든 학생들은 이별을 걱정하지만, 사실 우리 환자들은 언제 그랬냐는 듯이 금방 잊어버린다. 바깥세상에서 수많은 정을 주고 상처를 받아서인지, 매몰찬 이별을 많이 당해서 인지 모르지만, 이들은 정에 대한 미련이 없다. 하지만 모른다. 봄날의 꽃과 나비 같은 학생들이 우리 환자들의 세계관에 또 어떤 인물로 등장할지 모른다. 어느 학생이 자기에게 건네준 말 한마디, 밝은 미소가 이분들 세상에서 어떤 새로운 스토리로 각색되었는지 모른다. 두 번 다시 못 볼 그들을 영원한 자기의 연인으로 만들었을지, 우리는 모른다.

그렇게 봄이 가고 학생들은 떠났다. 병동에는 다시 적막한 시간이 돌아오고 환자들은 고요한 자기만의 세상 속으로 들어갔다.

나쁜 사랑, 병든 사랑

 가을이다. 정신과 전공의 1년 차도 겨우 반을 넘겼다. 아직도 환자의 진단명도 잘 모르고 환자와 상담도 제대로 못 하는 어리바리한 수준이다.
 어느 날, 주임교수님이 긴급회의를 소집하셨다. 주니어 교수님, 전공의, 수간호사를 포함해서 치료진 모두를 불렀다. 긴급회의라니 뭔 일이 생겼나 보다. 주임교수님 방에 전원이 모였다. 교수님이 말씀한 내용은 이랬다.
 우리 대학 간호과 학생의 어머니가 주임교수님께 전화했다. 딸이 간호학과 3학년인데 봄에 정신병동 실습을 한 후에 병원에 입원했던 환자와 연애를 하고 있다는 것이다. 딸에게 안 된다고 했는데 아이가 막무가내라고, 교수님이 중재해달라는 내용이었다. 애들 실습을 어떻게 시켜서 이런 일이 벌어졌냐는 항의는 아니고 제발 헤어지게 해달라는 부탁의 전화였다.

교수님도 난감했다. 그 환자를 알아보니 환청과 망상이 있는 33세 조현병 환자였다. 외래 치료 중에 재발해서 한 달간 입원했는데 그때가 간호학과 학생의 실습 기간이었다. 여학생과는 11살 차이다.

교수님이 말했다.

"뭐, 병원 실습하면서 일어난 일인데 우리가 중재해야 되겠지. 부모님이 얼마나 걱정이겠어. 아직 어린 딸인데…. 헤어지는 게 좋을 것 같은데 어떻게들 생각해?"

다른 교수님도 일단은 환자와 학생을 만나서 학생의 심리도 알아보고 환자도 증상이 어떤지 확인을 해 보자고 한다. 교수님들도 입장이 난처하다. 사실 환자라고 사랑 못 하고 결혼 못 할 이유는 없다. 이런 저런 이야기가 오갔다. 그래도 학생과 이야기를 잘 해서 자연스럽게 헤어지는 방향으로 하자고 의견이 모아졌다. 문제는 누가 그 일을 할 것인가였다.

교수님이 전공의를 쭉 둘러보더니 말했다.

"이 일은 윤 선생이 좀 맡아 주지? 윤 선생이 여기서 제일 어리잖아. 간호학과 학생과 코드도 맞을 것 같고."

여기서 윤 씨는 나밖에 없다.

"네? 저요? 저는 일 년 차라서 아직 경험이…."

옆에 있던 2~3년 차 전공의 샘들이 맞장구친다.

"그게 좋겠네요. 제일 젊고, 그리고 사람도 싹싹하니 친근감도 있고. 딱이네요."

빼도 박도 못하게 나를 몰아세운다. 교수님이 못을 박는다.

"윤 선생이 해. 잘 설득해 봐."

난감하다. 정신과 의사라고 남의 사랑에 이래라저래라 한다는 게 말이 안 된다. 솔직히 나도 그들의 사랑을 하지 말라고 이야기할 마음이 하나도 없다. 뭘 설득하라고? 어떻게 설득하라고? 선배 전공의에게 어떻게 하면 좋겠냐고 물었더니 그저 알아서 하라면서 웃는다. 그렇지, 선배님들은 일이 어떻게 진행되는지 호기심 있게 지켜보기만 하면 그만이지.

어쩔 수 없다. 우선은 둘을 만나 보자.

* * *

간호학과 학생부터 만났다. 학생은 아담한 체구에 귀엽고 순한 얼굴이었다. 표정은 불안하다. 그녀의 아빠는 중학교 때 돌아가시고 대학 1학년 여동생이 하나 있다고 한다.

그녀가 병동 실습할 때 그 환자를 담당했다. 담당 환자라서 이야기를 많이 했다. 환자는 순수하고 착했으며, 정신도 멀쩡하고 자기가 무슨 병인지도 잘 알고 있었다. 일시적으로 병에 걸렸을 뿐 관리를 잘하면 재발 안 할 수 있겠다는 생각이 들었다. 자기 이야기도 잘 들어주고 말도 잘 통했다. 오빠가 심성이 따뜻해서 이상하게 정이 가고 돌봐 주고 싶었다. 실습 마지막 날, 퇴원하고 만나자고 먼저 이야기를 꺼낸 건 학생이었다. 그 후로 오빠와 일주일에 한두 번 정도로 만나면서 정이 들었다. 엄마가 딸이 연애하는 걸 눈치챘다. 남자가 누구냐고 꼬치꼬치 물었고 학생은 순진하게 사실대로 말했다.

나는 그녀와 만나기 전부터 헤어지라고 설득할 마음을 내려놓았다. 내가 무슨 권리로 만나라 말라 할 수 있을까. 그저 그녀 이야기를 들어보기만 할 생각이었다. 그녀는 어떤 마음일까? 궁금한 것을 질문했다. 사랑하는지? 결혼도 생각하는지? 가족의 반대도 심할 텐데 어떻게 하려는지.

"오빠를 사랑하는지 어떤지 모르겠어요. 저도 처음이라서요. 그냥 오빠가 좋아요. 저번 주에 남산타워에 갔어요. 둘이 손잡고 다녔는데, 정말 좋았어요. 오빠를 계속 만나고 싶어요. 만나다 결혼하고 싶으면 할 생각이에요.

그런데 엄마가 알고 충격받았어요. 엄마가 그렇게 화내고 우는 걸 처음 봤어요. 당장 헤어지라고 난리예요. 아빠 돌아가시고 두 딸을 어떻게 키웠는데, 이럴 순 없다고요. 여동생은 더 난리예요. 정신과 환자가 자기 형부가 된다는 게 말이 되냐고요. 언니 때문에 집안이 망하게 생겼다고요. 그런데 헤어질 수 없어요. 오빠를 좋아하기도 하고 오빠에게 상처 주고 싶지 않아요. 헤어지면 오빠가 또 병이 날까 걱정도 돼요. 다 나 때문이잖아요."

나는 아무 말도 할 수 없었다. 헤어지라고 설득할 수도, 정신 차리라고 야단을 칠 수도 없었다. 그저 고개 숙이고 울고 있는 그녀를 멍하니 바라볼 수밖에 없었다.

그녀가 고개를 들고 울먹이며 말한다.

"모두가 내가 잘못한 거래요. 제 사랑이 나쁜 사랑인가요?"

아이고…. 그건 나쁜 사랑 아니지. 너의 사랑이야말로 좋은 사랑이지, 진짜 사랑이지. 하지만 나는 이 말을 입 밖에 낼 수 없었다. 겨우 입을 떼서 말했다.

"아니지. 나쁜 사랑 아니지…. 그냥 아픈 사랑이지…."

* * *

그 환자와 약속을 잡고 카페에서 만났다. 후덕한 몸매에 순한 얼굴이다. 만나 보니 기억이 난다. 그 환자는 내내 미안한 표정이었다. 내 눈을 제대로 쳐다보지 못했다. 죄인 같은 심정일까? 나를 권위적인 의사로 느꼈을까? 나도 어색했다. 당신과 나는 지금 환자와 의사로 만나는 것이 아닌데….

그러나 실은, 나는 환자에게 현실 파악을 하라고 말하려는 의사이고, 내 앞의 이 사람은 한 여자의 인생을 망치는 놈이라는 비난을 들을까 겁내고 있는 환자다. 왜 나는 여기에 앉아 있고 당신은 거기에 앉아 있는 거지? 당신의 사랑이 어떠하기에? 나는 뭘 하려고 이 자리를 마련한 걸까?

우선은 환자 이야기를 들었다.

"아가씨가 먼저 만나자고 했어요. 자기는 오빠가 없는데 오빠 같다면서 같이 이야기를 더 하고 싶다고요. 그렇게 만났어요. 영화도 보고 밥도 같이 먹고, 만나면 좋았어요. 정이 들었죠. 물론 겁도 났어요. 내가 이 아가씨를 만나도 되는 건지. 내가 나쁜 놈이 아닌가 생각도 했어요. 하지만 좋았어요. 저는 여자를 처음 만나 본 거예요.

어느 날 아침, 눈을 떴는데 아가씨 생각이 나면서 가슴 한쪽이 저려왔어요. 그런 느낌은 처음이었어요. 이게 사랑인가?, 생각했어요. 이 여자와 결혼도 생각했어요. 하지만 그럴 수는 없겠죠. 저도 제 분수를 잘 아니까요. 선생님이 만나자고 연락이 왔을 때 올 것이 왔다고 생각했어요. 연애 같은 건 생각도 못 해 본 저한테는 과분한 일이었어요. 아마 그녀가 제 인생의 처음이자 마지막 여인이 되겠죠."

그가 고개를 숙였다. 긴 침묵이 흐른 뒤에야 고개를 들었다. 그러고는 나를 똑바로 쳐다보면서 다짐하듯 말한다.

"아가씨와 안 만날 겁니다. 제가 이야기하겠습니다. 아가씨는 착해서 헤어지자고 말 못 할 겁니다. 저 때문에 아파하면 안 되죠. 걱정하지 마세요."

나는 아무 말도 할 수 없었다. 그는 안타까운 눈빛으로 나를 보았다. 그 눈빛은 내게 이렇게 묻고 있는 듯했다.

'제 사랑이 병든 사랑인가요?'

그러게요. 당신이 아프다고 누가 당신 사랑까지 병들었다 할까요? 사랑을 누가 함부로 뭐라 할 수 있을까요. 어색한 침묵이 흘렀고 그가 먼저 일어났다. 그리고 내게 말없이 90도로 인사하고 나갔다.

* * *

일주일 정도 지나고 열린 회의 시간에 주임 교수님이 말했다.
"그 학생 엄마한테 전화 왔어요. 중재해 주셔서 고맙다고요. 딸이 정신 차려서 헤어지기로 했대요."
그리고 나를 보며 수고했다고 말한다. 옆의 전공의 선배들도 한마디씩 했다.
"윤 선생 대단하네. 어떻게 한 거야?"
나는 어색하게 웃으면서 말했다.
"저는 한 거 없어요. 그냥 이야기만 들어주었죠."
그리고 뒷말은 입속으로 삼켰다.
나쁜 사랑과 병든 사랑 이야기를요….

내 딸의 피 한 잔

　간호학과 학생과 환자의 사랑 이야기가 순진한 해프닝만은 아니다. 간호사와 정신과 환자가 결혼하는 경우도 진짜 있다. 정신과 생활 30년 하면서 내 주변에서도 세 부부가 탄생했다. 정신과 환자는 모두 알코올 중독 환자였다.
　백이면 백, 알코올 환자와 결혼하는 경우는 무조건 간호사의 사랑에서 시작된다. 간호사가 먼저 눈이 멀어야 일이 진행된다. 어떻게 눈이 머는지는 모르겠다. 정말 알 수 없는 일이다. 자기가 치료하던 알코올 환자이고, 술 문제가 재발될 걸 잘 알고, 간호학과 학생처럼 세상 물정 모르는 어린 나이도 아니다. 그리고 주변의 엄청난 반대도 뻔할 텐데 어떻게 사랑에 빠지는지

나는 도대체 알 수도, 이해할 수도, 상상할 수도 없다. 이런 게 운명일까? 정말 신기하다.

* * *

어느 병원에 근무할 때다. 치료 팀 모임에서 오래전에 환자와 결혼한 간호사 이야기가 나왔다. 이혼했지만 잘 살고 있다고. 애들이 똑똑해서 공부도 잘한다고. 그러면서 이구동성으로 그래도 왜 환자하고 결혼을 하냐, 어떻게 콩깍지가 낄 수 있는지 신기하다, 이런 이야기들이 오갔다. 그때, 한 간호사가 내게 묻는다.

"원장님은 간호사가 환자랑 결혼한다고 하면 어떻게 하실 거예요?"

"왜 그런 걸 물어?"

"원장님은 좀 다르실 것 같아서요. 원장님은 휴머니스트잖아요. 둘이 사랑한다면 원장님은 굳이 말리지 않으실 것 같은데요? 사랑 때문에 불행할지 몰라도 자기 인생 한 번 걸어 본다는데…. 원장님은 응원해 주실 것 같은데요?"

"뭐, 불행해질지라도 사랑하겠다는데, 어떻게 말리겠어? 조금 말리다가 말겠지….”

"원장님, 혹 따님이 알코올 환자와 결혼한다면요?"

"우잉? 그건 안 되지. 절… 대… 안 될 것 같은데."

"에이, 원장님도 이중적이네."

그 질문 뒤에 생각해 봤다. 간호사가 환자와 결혼하겠다고 내게 상담을 한다면? 이리저리 머리를 굴려 보고 내가 생각해도 정말 흡족한 결론을 내렸다. 고민하지 말고 인정사정 보지 말고, 무조건 절대 반대하는 것이다. 내 반대로 결혼 안 하면 나중에 결혼 안 하길 다행으로 생각할 수 있고, 혹 결혼 안 한 걸 아쉬워할지라도 그걸로 내가 원망 받을 일은 없을 거다. 만약 나의 반대에도 결혼해서 불행하다면 그때 윤 원장님 말 들을 걸 하고 후회할 거고, 혹 잘 살고 있다면 "원장님이 그렇게 말렸어도 저 잘살고 있잖아요." 하고 자존감은 더 높아질 것이다. 요리 보고 조리 봐도 최대한 말리는 게 좋은 대답이다. 무엇보다 내가 욕먹을 일이 전혀 없는 현명한 답이다.

얼마 뒤, 내게 질문했던 간호사가 결혼한다고 불쑥 청첩장을 건네 준다. 정말 불쑥이었다. 그 전에 결혼한다는 이야기가 전혀 없었기 때문이다. 곧 병원이 난리가 났다. 그 간호사가 결혼한다는 남자가 알코올 병동에 입원했다가 퇴원한 환자였기 때문이다.

1년 전에 딱 한 번 입원했던 환자였다. 어디서 전자 상품 가게를 한다고 했었나. 어째 신랑 이름이 낯이 익더라니, 내가 주치의였다. 세상에나! 세상에나! 어쩌면 그때 그 간호사의 질문이 내 의견을 간접적으로 물어본 것이었을까?

그녀는 결혼과 함께 병원을 그만두고 타지로 떠났고, 나도 그 병원을 그만두면서 그 이후로 그 간호사 이야기를 들은 적이 없다.

* * *

알코올 중독 환자들 중에 술만 안 마시면 괜찮은 사람들이 있다. 성격도 호방하고 사회성도 좋고 성실하고 자기 분야에 실력도 있다. 그런데 너무 사람 좋아하고 어울리다 보니 술 중독에 걸렸다.

중독이라는 게 복숭아 알레르기와 같다. 10년을 복숭아 안 먹다가 한 번 먹으면 알레르기가 다시 나타나듯이 이미 중독 체질이 된 사람은 십 년을 술을 안 마시다가 한 번 마시게 되면 또 과거처럼 술 중독에 빠지게 된다. 10년 단주도 술 한 잔에 와르르 무너진다. 그래서 단주자들의 표어가 있다. '한 번 알코올 중독은 영원한 알코올 중독', '알코올 중독자에게 완치란 없다'이다. 그들에게 완치는 평생 술을 안 마시는 것뿐이다. 정말 어려운 일이다. 술과 사랑에 빠져보지 않은 분들은 까짓 거 안 마시면 되는 거 아니냐고 하겠지만, 술과 사랑에 빠져 본 사람이라면 절대 그럴 수 없다.

비 오는 날, 두툼한 파전에 막걸리 한 잔의 정취를, 추운 겨울날, 뜨끈뜨끈한 감자탕에 소주 한 잔 걸칠 때의 따뜻함을, 친구들과 맥주잔 부딪히며 왁자지껄 떠드는 그 유쾌함을, 캠핑 가서 삼겹살에 소주 한 잔 마시면서 밤하늘을 바라보는 낭만을, 외로울 때, 라면에 소주 한 잔 홀짝거리는 위로를…. 나의 친구이고 애인이고 치료자이고, 나의 재미고 멋이고 낭만이고, 나의 기쁨이고 내 인생의 동반자인데 어찌 술을 끊을 수 있나? 이런 술맛을 나도 안다. 나도 술을 좋아하니까.

사람들은 술 좋아하는 의사가 알코올 중독 치료를 더 잘할 거라고 생각한다. 아무래도 술의 속성도 잘 알고, 중독자의 심리도 이해하니까 치료를 더 잘하려니 여긴다. 오히려 그 반대다. 알코올 중독 치료를 잘 하는 의사는 대부분 술을 못 마신다. 본인들이 술맛을 모르니, 왜 안 좋은 술을 먹는지 모르겠다면서 강력하게 술을 끊게 할 수 있다. 환자가 단주 생활하다가 다시 술을 입에 대면 그런 것도 못 참느냐면서 노발대발 혼을 낸다. 그러나 나 같은 애주가 의사는 '그래, 어쩔 수 없지, 오죽했으면 마셨겠냐.' 하고 측은지심이 든다. 환자의 술 중독도 안타깝지만 술을 끊어야 한다는 점이 더 안타까운 것이다. 알코올 치료에 동정은 금물인데 그게 잘 안 되는 걸 어쩌겠나.

 게임 마니아가 죽을 때까지 단 한 번도 게임을 안 하고 살 수 있을까? 술을 끊는 것은 그것보다 훨씬 더 힘들다. 알코올 중독에서 벗어나기 위해서는 오랜 고행의 길을 가야 한다. 매일매일 술의 유혹에 흔들리지 않고, 자기 마음을 잘 다스리고, 현재의 삶을 긍정해야 한다. 알코올 중독자의 단주 생활은 도 닦는 일과 같다. 평생 술을 안 마신다는 것은 길고 힘든 수행의 길을 걷는 것이다.

* * *

 정신 건강을 주제로 용인에서 강의를 하게 되었다. 먼 길이었지만 재능 기부한다는 마음으로 향했다. 강의가 끝나고 어디서 많이 본 듯한 아가씨가 반갑게 인사한다.
 "원장님? 저 아시겠어요?"
 십 년 전에 불쑥 청첩장을 내밀던 그 간호사다.

"어? 어? 어? 알지! 알지! 알지! 그럼 알지. 여기서 살아? 용인에?"

"네. 용인에서 살아요. 신랑이 여기 사람이잖아요."

이어서 그녀는 해맑게 웃으면서 내게 말한다.

"원장님, 궁금하시죠? 제가 어떻게 살고 있는지?"

"어? 어⋯. 어떻게 살아? 잘 살고 있지?"

"네. 잘 살고 있어요. 딸이 내년에 학교 가요."

그러면서 손가락으로 한쪽을 가리킨다. 저쪽에서 꼬마 여자애와 한 남자가 뛰어다니면서 놀고 있다. 그 남자가 나를 보고 쑥스러운 듯이 아이를 데리고 왔다. 그였다. 딸도 무척 귀여웠다.

"우아. 오랜만이네요. 잘 살고 있죠?"

그가 말한다.

"네. ○○ 씨 만나고 술 한 잔도 안 마셨습니다. 벌써 십 년째입니다."

나는 아빠와 옆 카페에 가서 이야기를 나누었다. 그가 먼저 술 이야기를 꺼냈다. 결혼 후 한 번도 술을 안 마셨다고 한다.

"그래도 여전히 현재 진행형입니다. 매일 기도합니다. 오늘 하루도 온전한 정신으로 살 수 있게 도와달라고요. 그리고 하루를 마칠 때 기도합니다. 감사합니다. 오늘 하루, 온전한 정신으로 살게 해 주셔서요.

한번은 너무 강렬하게 술 생각이 났어요. 그날따라 이상하게 술이 너무 땡기는 거예요. 정말, 정말 견딜 수 없었어요. 그래서 나도 모르게 눈앞에 있는 술집에 들어갔어요. 소주를 시켜 놓긴 했지만 따를 수는 없었어요. 아시잖아요. 따르는 순간 끝이라는 걸요. 그런데 못 견디고 술 한 잔을 따랐어요.

따라 놓고 엄청 갈등했어요. 이걸 마시면 나는 다시 알코올 중독으로 빠질 것이다. 나는 과거의 중독자로 틀림없이 돌아갈 것이고 사랑하는 아내와 딸은 지옥으로 떨어질 것이다. 하지만 또 다른 마음속에서는, 이번 한 번만, 딱 한 잔만, 하는 악마의 유혹이 있었습니다. 이제 소주잔에 내 손이 가는 순간 끝이었지요. 그때였어요. 원장님이 알코올 교육 때 했던 말이 불현듯 떠오르는 거예요. 거의 십 년도 넘은 일인데요. 그때는 제가 총각 때라서 별로 와 닿지 않아서 듣고 잊어버렸던 말인데요, 그 말이 갑자기 떠올랐어요."

"제가 뭐라고 했는데요?"

"'소주 한 잔, 내 딸 피 한 잔이닷!' 원장님이 그때 그런 말씀 하셨어요. 소주를 마시고 싶을 때 소주잔을 앞에 놓고 갈등할 때, 이 잔 속에 있는 것은 소주가 아니라 내 아들, 딸의 피로 생각하라고요. 그 말이 떠오르자 투명한 소주 색이 빨갛게 보였어요. 내 딸 피였어요. 이 술을 마시면 나는 내 딸 피 한 잔을 마시는 것이다! 정신이 번쩍 들었어요. 그리고 딸 얼굴이 떠올랐어요. 술 마시고 개망나니가 된 아빠 모습을 보고 불안과 두려움에 벌벌 떠는 딸 얼굴이요. 눈물이 흘렀어요. 뼛속까지 알코올 중독자! 내 아내와 내 딸을 갈아 마실 새끼!

짧은 순간이지만 내가 알코올 중독으로 살던 시절이 주마등처럼 지나갔어요. 술로 부모님 마음 고생시키고, 밤새 술에 취해 괴로워하고. 나를 믿고 사랑해 준 아내를 떠올렸어요. 이를 악물고 자리에서 일어나 술집을 나왔습니다. 정말 다행이죠. 울면서 집에 갔습니다. '뼛속까지 알코올 중독자! 뼛속까지 알코올 중독자!'를 중얼거리면서요.

제가 결혼 십 년입니다. 결혼 이후 술 한 잔도 입에 안 댔습니다. 지금도 제가 알코올 중독자라는 것을 하루도 잊지 않고 삽니다. 저는 제가 알코올 중독자라는 걸 행복하게 생각합니다. 술 때문에 아내를 만났고 딸을 얻었고 그리고 온전한 정신으로 하루를 보내려고 노력하고, 그 하루를 감사하게 생각하고, 매일매일 나를 다스리면서 살고 있잖아요. 이렇게 생각하고 살고 있어요. 괴로워서 못 견딜 것 같은 오늘일지라도, 술 마시고 제일 좋았던 날보다 더 행복한 날이라고요."

신랑과 이야기한 뒤 딸을 만나서 안아주었다. 귀엽고 밝은 아이다. 그리고 그 간호사와 환하게 인사하면서 헤어졌다. 간호사는 내게 홍삼 세트를 선물로 주었다. 뒤돌아 나오면서 혼자 속으로 말했다. 넌 참 좋은 남자를 선택했구나.

돌아오는 길에 이런 생각이 들었다. 만약에 또 어떤 간호사가 환자와 결혼을 고민 중이라고 한다면 뭐라고 대답할까? 아마, 그때도 나는 반대할 것이다. 내가 욕먹지 않는 안전한 대답이니까. 나는 그런 놈이니까, 사랑 따위는 모르는….

빽빽이 신발

조현병 환자끼리 결혼하는 경우도 가끔 있다. 그들은 아이를 낳지 않고 둘이서 오순도순 산다. 내가 만난 환자 부부들은 정말 정겹다. 서로 의지하고 서로 도와준다. 대부분 남편이 정신적으로 안정적이고 아내는 증상이 조금 있는 편이라 남편이 보호자 역할을 한다. 밥도 설거지도 청소도 거의 남편이 한다.

* * *

병원에 매달 진료 받으러 오는 부부 환자가 있다. 병원에서 만나서 결혼하고 살고 있다. 둘이 진료실에 같이 들어와 상담한다. 남편은 늘 아내 걱정이다. 이런 식이다.

"정이가 환청이 심해요. 힘들대요. 약을 올려야 하나요? 약을 더 올리면 너무 약이 많아질 것 같은데."

"요새 정이가 잠을 잘 안 자요. 새벽에 일어나요."

"요새는 잘 지내요. 저번 주는 같이 놀러 갔어요. 저는 잘 지내요. 환청도 안 들려요."

이렇게 남편이 아내를 돌본다. 어느 날이었다. 진료실에 남편만 먼저 들어왔다. 남편이 무덤덤하게 이야기한다.

"정이가 임신했어요. 약을 어떻게 하죠?"

"네? 몇 개월인데요? 애 낳을 거예요?"

남편은 왜 그런 걸 묻느냐는 표정이다.

"네. 낳아야죠."

이걸 어쩌나. 정신과 약은 다른 약에 비해 아무래도 태아에 영향을 줄 가능성이 높다. 다행인 건 태아에 확실하게 영향을 줄 수 있는 약은 안 들어가고 있다. 그래도 약을 끊을 수 있을 때까지는 끊어야 한다. 약을 중단하면 과거 경험으로 볼 때 이 환자는 거의 백 프로 재발할 것이다. 남편에게 설명했다.

"최소 임신 3개월까지는 약을 끊어야 해요. 약 중단해서 상태가 나빠지면 입원도 해야 하고요."

남편도 동의했다. 약을 중단하고 상태가 안 좋으면 빨리 병원으로 오라고 했다.

* * *

열흘 정도 지나, 남편이 아내를 데리고 왔다. 첫눈에 봐도 산모의 상태가 나빠진 게 보였다. 잠도 못자고 혼잣말 심하게 하고 악도 지르고 공격적인 행동도 나타났다. 당장 입원해야 할 상태였다. 아니면 태아도 위험하다.

남편은 자기도 같이 입원하겠다고 한다. 그건 곤란했다. 남편이 같이 있으면 여러 가지로 문제가 된다. 남편이 함께 있으면 오히려 환자를 자극할 수 있어서 좋을 게 없다고 설득했다. 남편은 걱정하면서도 수긍했다.

입원한 산모는 상태가 너무 심해서 다른 환자들에게 욕하고 공격하는 행동까지 보인다. 밤에 잠도 안 자고 난리를 쳐서 보호실에 넣어 두면 변기도 부수고 벽지를 손으로 밤새 뜯어냈다. 예전에 입원했을 때 보다 증상이 더 심하다. 식사도 거부했다. 수액을 거부하는 산모와 몸싸움하고 양팔을 묶어야 할 판이었다. 예상보다 더 심각한 상황이다.

환자 상태가 너무 심각해서 보호실에서 생활해야 하고, 필요하면 손발을 묶는 강박 조치를 할 수도 있고, 자해, 타해 위험성이 심하면 약을 써야 하는 상황이라는 점을 남편에게 설명했다. 그러자 그가 다시 내게 부탁했다.
"원장님, 저도 입원시켜 주세요. 제발요. 제가 옆에서 돌보겠습니다. 제발 부탁입니다."
간절하게 부탁한다. 나는 단호하게 말했다.
"그건 안 돼요. 옆에 있으면 산모는 더 퇴행할 수 있습니다. 남편에게 퇴원시켜달라고 졸라대면 어떻게 견디시겠어요? 그리고 아시잖아요. 폭력적인 행동을 하면 묶을 수도 있잖아요. 안전을 위해서 산모를 묶어야 하는 우리도 이해를 해 주셔야 하는데 그걸 옆에서 보실 수 있겠어요? 남편도 힘드실 거고 치료진도 남편이 옆에 계시면 부담스러워서 안 됩니다."
남편이 내 손을 붙잡고 애원한다.
"원장님 괜찮습니다. 제발 저도 입원시켜 주세요. 제가 옆에서 도와드릴게요. 제가 정이 묶는 걸 도와줄게요. 제가 옆에 있으면 더 좋아질 겁니다. 정말입니다. 제발 부탁합니다. 원장님!"
남편은 불안했다. 이러다가 무슨 일이 일어나는 게 아닌지, 저러다 죽는 게 아닌지, 아이는 괜찮을지, 남편으로서 아내를 볼 수도 없고, 아무것도 할 수 없는 자신이 괴로웠다. 그러면서 남편에게도 약간의 피해의식이 올라왔다. 왜 자기를 입원을 안 시켜주느냐면서 병원에서 자기 아내를 어떻게 하는 건 아닌지 의심한다. 이러다가 남편까지 문제가 생길 것 같다.

어쩔 수 없었다. 입원시킬 수밖에. 병동 간호사에게 남편도 입원한다고 알리고 준비하라고 했다. 남편에게는 환자를 자극하지 말라 하고 치료진에게 적극 협조하도록 당부했다. 어찌됐든 한 달만 버티면 된다. 그러면 최소 임신 4개월은 넘길 수 있을 테니까. 그렇게 남편도 입원했다.

* * *

남편의 아내 돌봄은 눈물겨웠다. 산모가 밤에 잠을 안 자고 설칠 때는 보호실에서 남편이 같이 있었다. 달래고 어르고 안정시켰다. 산모가 공격적 행동을 하려고 하면 남편은 두 팔로 아내를 부둥켜안고 꼼짝 못하게 했다. 남편 두 팔이 억제대를 대신하는 것이다. 환자가 상태가 안 좋으면 괴력이 나타나는 경우가 있어서 장정 두어 명도 통제하기 어려운데 남편은 어디서 힘이 났는지 두 팔로 아내를 꽉 붙들고 "정이야, 하지 마. 정이야, 나야. 정이야, 아이를 생각해야지…." 하고 울면서 달랜다. 그러면 정신없던 산모가 신기하게도 조금 진정이 된다. 식사를 거부하는 산모도 남편이 떠먹여 주는 죽을 잘 받아먹었다. 남편은 씻겨 주고 감겨 주고 먹여 주고 달래 주고 정성을 쏟았다. 치료진도 특별히 신경을 많이 썼다. 간호사도 한마음으로 산모를 위해 먹는 것이나 위생이나 서로 돌봐주려고 애썼다. 뱃속에 새로운 생명을 품고 있는 엄마 아닌가. 치료진도 본능적으로 안전하게 건강한 아이가 태어나기를 바라는 마음이었다.

옆에서 돌봐주는 남편 때문인지 산모는 안정이 되었다. 다행히 약을 쓰지 않고 버틸 수 있었고 임신 4개월이 넘었으리라 추정되는 때에 약을 다시 썼다. 환자는 안정이 되고 한 달 가까이 입원 후에 퇴원했다. 다행이지만 걱정은 되었다. 또 상태가 안 좋아지는 건 아닌지, 그리고 아이가 건강하게 태어날지도.

퇴원 후 부부는 2주일에 한 번씩 외래로 왔다. 다행히 산모는 안정이 되었고 배는 점점 남산만 해졌다. 그리고 건강한 아들이 태어났다. 정말 다행이었다. 출산 후부터는 부부가 따로 진료를 왔다. 어린아이를 데리고 다닐 수 없으니 둘 중 한 명은 아기를 본다는 것이다. 그렇게 무탈하게 시간이 흘렀다.

* * *

어느 날 병원 대기실에서 삑삑, 삑삑, 하는 소리가 들린다. 이게 무슨 소리지?, 하고 봤더니 두 살 정도 된 남자아이가 걸을 때마다 반짝반짝 불이 들어오면서 소리 나는 신발을 신고 아장아장 걷고 있었다. 천장 높은 대기실 가득 삑삑 소리가 울려 퍼졌다. 정이 씨 부부가 아들을 데리고 온 것이다. 아장아장 뒤뚱뒤뚱 걸어 다니는 아이가 귀여웠다. 직원들이 귀엽다며 한마디씩 하고 과자도 주었다. 모두 환한 웃음으로 아이를 바라봤다. 그때 내 옆에서 아이를 보고 있던 나이 드신 청소 여사님이 한마디 툭 하셨다.

"쯧쯧. 아이가 무슨 죄가 있다고…."

뜨끔했다. 그랬다. 나는 정말 그 아이를 마냥 귀엽고 흐뭇하게만 봤을까? 저 아이를 보면서 "쯧쯧 불쌍한 거." 하고 있었던 것은 아닌가? 겉으로만 축하한다고 하면서 왜 굳이 애를 낳았냐고 핀잔주지는 않았나? 정말 아이의 탄생을 축하했나?

산모가 병에 헤맬 때 우리 모두는 아이의 건강한 탄생을 기원했다. 그때는 오직 아이의 건강한 탄생만 바랬지만 막상 아이가 세상에 태어나니 아이의 앞날이 걱정될 수밖에 없었다. 아이가 나이 들어 자기 부모가 문제가 있다는 걸 알게 된다면 어떨까? 그리고 제대로 사회생활을 못하는 부모 밑에서 얼마나 제대로 된 보호와 교육을 받고 자랄까? 생각해 보면 걱정될 일이 한두 가지가 아니다. 지금은 아버지가 그래도 건강한 편이라서 엄마를 돌보지만 나중에 이 아이가 정신병 부모를 돌봐야 할 텐데. 이런저런 고민을 해 보면 태어나지 않는 게 더 좋은 일 아닌가? 과연 그럴까?

누가 자기의 운명을 알고 태어나리요? 주어진 운명에 순응하면서, 극복하면서 살아가는 게 우리의 삶 아닌가? 누구는 대한민국에 태어나고 누구는 아프리카에서, 누구는 부잣집 외동아들로, 누구는 알코올 중독자 딸로 태어난다. 하지만 그들에게 주어진 삶은 똑같지 않을까? 똑 같은 시간, 똑같은 하루, 똑같은 태양, 똑같은 지구, 웃음과 울음, 기쁨과 재미, 사랑과 이별…. 누구나 이런 운명적인 삶을 안고 사는 게 아닐까. 이 아이가 자기의 삶을 어떻게 펼쳐갈지 누가 알까?

"내가 안아 봐도 되죠?"

아빠에게 허락을 구한 뒤 빽빽 거리며 돌아다니는 아이를 내 두 팔로 번쩍 안았다. 아이가 싫다 안 하고 웃으면서 품에 안긴다. 돌아다니느라 피곤했는지 가만히 있는다. 아이를 두 팔로 안고 병원 잔디밭으로 나갔다. 푸른 하늘에 하얀 구름이 몇 점 떠 있다. 청량한 가을날이다. 아이는 가만히 나와 같이 하늘을 본다. 나는 아이에게 마음으로 속삭였다.

'너는 어떠니? 아직은 모르겠지? 그래, 네 엄마와 아빠는 너를 아주 힘들게 낳으셨어. 네가 건강하게 태어나길 간절히 기도하셨지. 너를 무척 사랑해 줄 거야. 하지만 어려움도 있겠지. 그래도 세상에 태어난 건 정말 좋은 일이란다.

봐, 푸른 하늘, 하얀 구름을 볼 수 있잖아. 조금 있으면 낙엽이 떨어질 거야. 너도 가을날의 그 낙엽을 좋아할 거야. 또 모르지. 낙엽을 보고 시를 쓸지…. 세상을 보게 해 준 부모님께 감사하거라. 떠오르는 장엄한 태양을 보게 해 줘서, 찬란한 일몰을 보게 해 줘서, 부드러운 첫눈을 만질 수 있게 해 줘서, 첫사랑의 감동을 느낄 수 있게 해 줘서, 드넓은 바다를 볼 수 있게 해 줘서, 네가 세상에 태어나 이 모든 것을 만날 수 있게 해 줘서….

모두가 네가 안 태어났다면 볼 수 없는 것들이지. 네가 안 태어나면 만날 수 없는 것들이지. 많은 어려움이 있더라도 잘 넘어가거라. 네 인생을 즐기는 아이가 되거라. 그리고 너희 부모님을 잊지 말거라. 세상의 고통의 한 가운데서 너를 낳고 너를 사랑하신 부모님을. 그 사랑을 기억하거라. 너의 탄생을 진심으로 축복한다.'

한동안 들리던 삑삑이 소리는 더 이상 들리지 않았다. 아이가 커서 삑삑이 신발을 안 신고 다녔기 때문이다.

운명이잖아요

 오래된 인연의 조현병 환자가 있다. 30년 전, 이 환자가 25살 때쯤 처음 만났다. 증상이 심할 때는 아무도 못 말릴 정도의 거친 행동이 나타났다. 젊은 아가씨가 무슨 힘이 저리도 셀까 놀랄 정도다. 두어 달 치료하면 안정되어 퇴원했다. 안정되었을 때는 착하고 순하고 성실한 여인이었다. 그런데 안타깝게도 일 년에 한 번꼴로 재발 했다. 5년 가까이 주치의로 돌보다가 내가 병원을 옮기면서 인연이 끊겼다. 그래도 내 머릿속에 인상 깊게 남은 환자다.
 25년 만에 그녀가 불쑥 내 병원에 찾아왔다. 환하게 웃으면서 나에게 왔다. 다니던 병원에 문제가 생겨서 다른 병원을 찾으려다가 내 생각이 나서 수소문해서 왔다고 한다. 그 엄마를 딸이 운전해서 데리고 왔다. 얘가 그 딸인가! 나는 이 딸을 생생하게 기억한다. 사실 본 적도 없으면서 기억한다는 건 말이 안 되지만, 나는 이 딸을 너무도 잘 알고 있다.

이 환자는 25살 때, 3살짜리 딸이 있었다. 환자는 미혼일 때 발병했는데 동네 착한 총각이 이 아가씨를 돌보면서 살겠다고 적극 구애를 했다. 환자는 그 남자와 결혼해서 딸을 낳았다.

일 년에 한 번 재발해서 입원하는 젊은 엄마의 그 어린 딸을 나는 본 적도 없었지만 걱정하고 안쓰러워했다. 이렇게 엄마가 재발을 반복하고 증상이 나타날 때 아이가 엄마 모습을 보게 될 테고, 그러면 아이가 어떻게 자랄까 걱정했다. 그래서 그 당시에 젊은 엄마 환자를 더 열심히 도와주려고 애썼다. 그래서 세월이 흘러도 내 머릿속에 젊은 엄마 환자와 어린 딸이 남아 있었던 것이다.

지금 그 딸이 엄마와 함께 내 앞에 앉아 있다. 선한 미소의 아가씨이다.

"네가 딸이니?"

"네."

"아, 네가 엄마 딸이구나."

어째 말도 안 되는 멘트다. 그래도 어쩔 것인가. 그 말밖에 할 말이 없는데.

"네가 그때 3살이었는데, 이렇게 컸구나…."

딸은 처음 본 원장님이 자기한테 무슨 소리 하냐는 듯 눈이 동그래진다. 엄마가 웃으면서 말한다.

"네. 애가 내 딸이에요."

딸은 논술 학원에서 아이들을 가르치고 있다. 잘 자란 딸이 너무 신기하고 대견했다. 그리고 이렇게 딸을 키운 엄마도 장했다.

"○○ 씨. 정말 잘했어요. 딸을 정말 잘 키우셨네요."

"내가 키웠나요. 지가 잘 한 거지요."

다행히 환자는 외래에서 치료받으면서 십 년 넘게 재발하지 않았다고 한다. 나는 딸에게 엄마와의 인연과 내가 어린 너를 걱정했다는 이야기를 했다. 그렇게 다시 인연이 되어 딸은 한 달에 한 번 엄마를 모시고 병원에 왔다.

어느 날, 엄마를 진료한 후에 딸과 따로 이야기를 나눌 기회가 있었다. 딸은 아픈 엄마 밑에서 어떻게 컸는지 어떤 감정을 겪었는지 긴 이야기를 들려 주었다.

* * *

"나는 엄마가 아프다는 걸 초등학교 3학년 때 알았어요. 엄마가 일 년에 한두 번씩 사라졌는데 그게 병원에 간 거였어요. 왜 갔는지는 몰라서 그냥 어디가 아프다고만 어렴풋이 생각했어요. 2학년 때부턴가 엄마가 조금 다르다는 느낌은 있었지만, 정신적으로 문제가 있는 건진 알 수 없었죠.

그러다가 초등학교 3학년 때 엄마가 처음으로 아픈 증세를 보이는 걸 봤어요. 직접요. 엄마가 뭣 때문에 화가 났는지 모르지만, 소리소리 지르고 병 같은 걸 깨고 화분도 집어 던지고 그랬어요. 아빠가 말리려고 해도 안 됐어요. 그랬더니 아빠가 구급차를 불렀고 곧 엄마를 데리고 갔어요. 그때 엄마가 뭔가 정신적으로 아프다는 걸 알았어요.

충격 받았죠. 엄마의 그런 행동을 보고요. 엄마가 뭔가 문제가 있다는 것보다는 '어른이 이럴 수 있구나.' 하는 이상한 느낌이었어요. 초등학교 3학년이면 그런 걸 알 때잖아요. 그래서 엄마가 아프다, 불쌍하다, 힘들겠다는 생각이 많이 들었어요.

그런데 그 뒤에도 엄마는 그냥 엄마였어요. 저도 엄마를 평상시랑 똑같이 대했어요. 그 일 있기 전이랑 달라진 게 없었어요. 엄마를 이상하게 본 것도 아니고요. 그냥 예전 같은 내 엄마였어요. 그런 엄마구나…."

"사실 안 좋은 기억이 많아요. 초등학교 때인가, 한 번은 엄마가 아빠를 칼로 위협한 적이 있거든요. 내가 말렸어요. 그런데 그 기억이 아주 오랫동안 저한테는 불쑥불쑥 튀어나오는 힘든 장면 중 하나였어요. 그 장면이 떠오르면 좋아하는 사람도, 뭔가 좋은 관계를 맺고 싶은 마음도 망쳐버리고 싶다는 생각이 들었어요. 화도 내고 내 멋대로 하면서 내가 이렇게까지 하는데도 나를 좋아해 줄 수 있는지 시험해 보려는 마음이 오랫동안 있었어요."

"엄마가 창피하다는 생각은 없어요. 어렸을 땐 좀 있었던 것 같긴 한데, 사실 가난이 더 창피했어요. 그리고 아빠 직업이 뚜렷하지 않았다는 것도 창피했고요. 엄마를 원망하거나 그런 것도 없었어요. 다른 애들은 왜 나는 이런 집에 태어났는지, 가난한 집에 태어났는지 불평불만이 많다고 하잖아요. 저는 반대로 우리 집은 좀 특별하다고 여겼어요. 그리고 엄마 아빠가 좋은 걸 많이 물려 주었다고도 생각했어요. 제가 착했고 운동도 잘했고 글도 잘 썼어요. 그런 건 다 부모님이 주신 거잖아요.

어떤 때는 고아가 되고 싶다고 생각한 적도 있어요. 차라리 엄마가 없다면 이런 복잡한 감정, 힘든 감정을 안 느낄 수 있잖아요. 그런데 한편으로는 엄마가 없으면 이런 사랑을 받을 수가 없다는 것도 알았어요. 저는 이렇게 모순적인 감정, 양가감정 속에서 자랐던 것 같아요. 뭔가 감사하고 좋다가도 갑자기 엉망이 되고 싶다는 마음이 들었어요. 뭔가 불안이 있었겠지요. 이런 복잡한 감정을 어떻게 표현할 수 없잖아요. 어디 드러낼 수도 없잖아요. 그래서 책 읽는 걸 많이 하고 글도 많이 썼죠. 특히 독서가 도움이 많이 됐어요. 책 속에 나 같은 사람이 많다는 걸 알았고요, 세상을 많이 알게 되었어요. 그래서 지금도 애들 논술 가르치는 게 좋아요."

"그래도 아쉬운 건 당연히 있죠. 제일 아쉬운 건 어른다운 어른 곁에서 어떤 게 좋은 어른인지, 어떤 모습을 배우고 자라야 되는지, 닮고 싶은 사람들이 옆에 없다는 것이에요. 그러니까 좋은 부모님을 둔 사람이 부러웠어요. 그렇지만 운명으로 받아들이는 거예요. 그리고 내가 할 수 있는 것에 더 집중했던 것 같아요. 저는 잘 살고 싶다, 이런 마음이 있었어요. 내가 이렇게 힘들었음에도 불구하고 나는 잘 살고 싶다는 그런 희망이 있었어요. 그래서 계속 좋게 살려고 했던 것 같아요."

"저는 엄마가 항상 보고 싶어요. 엄마가 귀엽고 착하고 엄마가 너무 좋아요. 엄마랑 떨어져 살고 있지만 엄마랑 시간을 보내고 싶은 마음이 많아요. 그런데 제가 학원에서 일하느라 바쁘잖아요. 주말에도 일하고요. 이렇게라도 한 달에 한 번씩 엄마랑 병원에 오고 한두 시간 드라이브하는 게 좋아요. 엄마도 좋아해요.

지금 태어난 걸 후회한 적은 없어요. 왜냐하면 좋은 일들이 더 많고 재미있는 것도 많고, 제가 생각해도 잘 자란 것 같아요. 결혼을 약속한 남친이 있어요. 당연히 엄마가 아픈 줄 알죠. 결혼하면 아이를 낳을 생각이에요. 저도 잘 자랐는데 내 아이도 잘 자랄 거예요. 불안하지만요. 안 불안한 사람이 어디 있겠어요? 저도 엄마가 되고 싶어요."

칼잡이 정신과 의사

 인턴 수련의 시절의 일이다. 인턴 과정이 끝나 가는 12월에 흉부외과를 돌았다. 그때 처음으로 개흉 수술(open heart surgery)을 봤다. 전기톱으로 가슴뼈를 위에서 아래로 쫙 가르고 펄떡거리는 심장을 꺼내서 멈추게 한 뒤에 수술한다. 심장이 멈추면 죽는 걸로만 알고 살아왔는데, 심장을 멈추고 그 시간에 수술하는 모습이 놀라웠다. 그 당시는 개흉 수술 초창기 시절이라 수술 성공률도 지금처럼 높지가 않았다. 심장을 멈춘 채 수술하고 다시 심장을 돌리는 그 시간은 모든 치료진이 정말 초, 초, 초 긴장 상태다. 그 숨 막히는 순간이란.
 한 달간의 흉부외과 인턴 기간이 끝나는 날에 수고했다고 환송식을 해 주었다. 그때 약간 취한 내게 과장님이 물었다.

"인턴 선생은 정신과 지원한다면서? 흉부외과 인턴 돌아 본 소감이 어때?"

술기운이 돈 나는 약간 흥분되어 말했다.

"흉부외과 너무 대단해요. 정말 심장을 멈추고 다시 살리는 건 죽였다 살리는 거잖아요. 그 순간에 한 인간의 생사가 결정되잖아요. 너무 놀랐어요. 우아, 흉부외과 선생님들이 정말 대단해요."

그리고 말을 덧붙였다.

"그런데요, 흉부외과, 심장 수술이 정신과랑 너무 똑같은 것 같아요."

내 마지막 말에 모두 눈이 똥그래졌다. 어찌 사람을 죽였다 살리는 흉부외과와 말로만 조잘대는 정신과가 같다는 말인가? 2년 차 선생님이 어이없다는 듯이 나를 보면서 말했다.

"야! 말도 안 되는 소리 하지 마라."

과장님이 내 말이 궁금했는지 허허 웃으면서 물었다.

"어떻게 흉부외과와 정신과가 비슷하냐?"

내가 진심으로 말했다.

"심장을 멈췄다가 다시 살리는 그 시간이 정말 놀라운 순간이잖아요. 숨 막히는 절정의 순간이잖아요. 저는 정신과에서 그걸 느꼈어요. 그 절정의 순간을요. 인간 대 인간의 그 만남의 순간, 처음 눈을 마주보고 그 마음을 대하는 순간, 그 순간이 그 사람의 인생을 마주하는 시간, 찰나의 시간이라고요. 그 시간이 이 사람의 인생을 결정할지 모른다는 그 절체절명의 느낌, 저는 그것을 느꼈어요. 심장을 멈추고 다시 살리는 것처럼요."

아마 인턴 나부랭이의 개똥철학이려니 했을 것이다. 그래도 과장님은 내 말을 신중하게 들어주셨다. 다만 얼굴은 허, 그것 참 별 놈이 다 있네, 하는 표정이었다. 생사를 넘나드는, 대(大)흉부외과와 의사 같지 않은 정신과를 비교하다니.

그 후로 며칠 뒤에 전공의 채용 시험을 보았다. 정신과 경쟁률은 2:1이었다. 시험은 어느 정도 보긴 했지만 합격할 자신은 없었다. 불안하게 합격자 발표 날만 기다렸다.

합격자 발표 날이 왔다. 오후 2시 발표다. 불안했다. 그날도 새벽부터 환자 채혈하고 검사지 확인하고 분주히 돌아다니고 있었다. 그때 복도에서 막 출근한 흉부외과 과장님을 만나 인사 드렸다. 과장님은 내 인사를 받는 둥 마는 둥 지나치시다가 멈춰 서더니 내게 한마디 하셨다.

"너 정신과 합격했다."

그러고는 뭐라고 말할 새도 없이 휙 지나가셨다. 과장님은 수련 담당 교수님이라 미리 결과를 알고 계셨던 것이다. 소위

한 과의 과장님이 인턴 나부랭이를 기억하는 경우는 거의 없다. 게다가 그 인턴 나부랭이가 어느 과를 지원하는지는 더 관심도 없다. 그런데 나를 기억해 주셨던 것이다. 나는 괜히 고마웠다.

지금도 흉부외과와 정신과가 비슷하다는 생각에는 변함이 없다. 한 번의 면담을 한 번의 수술로 생각한다. 특히 초진인 경우에 더욱 그렇다. 나는 지금도 이렇게 생각한다.

'나의 혀는 메스다. 나의 혀 놀림이 집도의의 칼과 같다. 내 혀 놀림으로 상처를 봉합하고, 내 혀 놀림으로 암을 제거하고, 내 혀 놀림으로 심장을 다시 뛰게 한다. 잘 못하면 내 혀 놀림으로 상처를 주고, 멀쩡한 혈관을 자르고 사람을 죽일 수도 있다. 내 혀는 칼이다.'

지금도 몸 컨디션이 안 좋으면 나태해지고 흔들린다. 그때 다시 생각하고 정신 차린다. 나는 수술하는 사람이다. 오늘 수술하는 날이다. 나의 혀, 나의 말 한마디가 그의 삶을 좌우할 수 있다!

* * *

    달에 두세 번은 주말마다 전국을 돌아다니면서 사이코드라마를 한다. 토요일 하루 프로그램도 있지만 일박이일로 진행하기도 한다. 대상은 일반인이다.
    우리 모두 심리적인 문제를 안고 있다. 과거의 트라우마, 현재의 스트레스, 미래의 걱정과 불안, 가족 갈등, 자녀 관계 등 크고 작은 문제를 갖고 살아간다. 이런 문제는 정신과 진료를 할 정도도 아니고, 상담으로 한두 번에 해결될 것도 아니지만 우리 삶을 괴롭게 한다. 이런 문제를 주제로 심리극을 한다. 치료받기에 애매한 심리적 문제를 풀어주기 위해 나는 주말마다 재능 기부 형식의 찾아가는 심리극 서비스를 하고 있다.
    사이코드라마는 심리적 수술이라고 할 수 있다. 해결될 것 같지 않은 오래된, 심각한 문제가 단 두세 시간 만에 해결되기 때문이다. 그만큼 위험도 있고 후유증도 있다. 함부로 할 수 없으니 30년을 공부하고 실력을 키웠다. 나는 거의 주말마다 심리적 수술을 하러 각지를 돌아다닌다. 어떤 사람을 만날지, 어떤 스토리를 만날지 전혀 모르는 미지의 세계로 뛰어드는 것이다. 그리고 주인공에게 세 시간 동안 온몸과 온 마음과 온 정신으로, 나의 지식, 경험, 지혜를 모두 쏟아 붓는다. 마치 심장 수술하는 의사가 그 시간에 자신의 전부를 쏟아 붓듯이.

　주말에 너댓 명의 주인공과 만나 뒹굴고 돌아오면 녹초가 된다. 그뿐인가. 힘든 삶을 살아내는 주인공의 삶까지 흡수하니 후유증이 만만치 않다. 그래도 좋다고 돌아다닌다.

　나는 오늘도 홀로, 심리극을 하러 어디론가 떠난다. 마음속에 잘 드는 치유의 칼을 품고, 단칼에 해결할 마음의 준비를 하고, 그 칼에 나와 주인공의 삶을 걸고 떠난다. 그러고 보니 나는, 칼잡이 정신과 의사다.

누구나 잊지 못할 이름 하나 갖고 있을까

    요양병원에서 일 년 정도 일할 때가 있었다. 칠십 중반의 할머니 한 분이 입원했다. 증상이 종합 선물 세트다. 가슴이 벌렁거리고, 숨 쉬기가 힘들고, 손발도 떨리고, 허리, 무릎, 어깨 통증도 심했다. 자녀들이 십 년 넘게 엄마 병을 치료하기 위해 이 병원 저 병원 모시고 다녔지만 좋아지지가 않았다. 그동안 받은 진단만 해도 여러 개고, 먹고 있는 약을 합치면 컵에 가득 찰 정도다. 큰딸이 말한다.
    "엄마가 아픈 지 십 년도 넘었어요. 매일 여기저기 아프다고 힘들어하니 이제는 저희도 지쳤어요. 이 병원 저 병원 다 다녀도 소용 없고 원인도 몰라요. 엄마가 말을 거의 안 하셔서요. 엄마가 불쌍해요."

아침 회진 때였다. 할머니 침대 옆에 영감님이 서 계셨다. 요양병원 부부 병실에는 할아버지도 같이 주무신다. 할머니에게 물었다.

"할머니 어떠세요? 잠은 잘 주무셨나요?"

할머니가 대답하려는 순간, 옆에 있던 할아버지가 말문을 막고 나섰다.

"가만 있어! 내가 이야기할게."

그러고는 종이에 적은 것을 꺼내서 조목조목 설명하기 시작했다.

"어제 저녁에 밥을 반 공기 먹고, 잠은 한 열 시쯤에 잤는데, 어찌고 저쩌고…."

꼼꼼한 할아버지라고 생각했다. 할머니는 아무 소리 없이 앉아서 듣고만 계셨다.

다음 날 회진 때였다.

"할머니 어떠세요?"

내가 물었다. 할머니가 뭔가 말을 하려고 하자 할아버지가 또 나섰다.

"가만 있어! 내가 이야기할게."

그러고는 깨알같이 적은 쪽지를 펴서 할머니 상태를 이야기했다. 내가 할머니를 보고 물었다.
"할머니 허리는 어떠세요?"
또 할아버지가 나섰다.
"허리는 아프다고 하는데…."
나는 할아버지 말을 끊었다.
"할아버지, 잠깐만요. 할머니 이야기를 들어봐야죠."
할머니가 할아버지 눈치를 본다.
"할머니가 직접 이야기해 주셔야 제가 잘 알죠"
그제야 할머니가 말했다.
"응, 허리는 좀 덜 아픈 것 같아. 그런데 손이 좀 떨려."
이 장면을 보고 할머니 병의 원인이 무엇인지 짐작할 수 있었다. '화병'이다. 참고 참은 화가 신체적, 심리적 증상으로 나타난 것이다. 환자가 자기 증상을 자기 입으로 말하지 못할 정도니 살아온 삶이 오죽했을까.

* * *

할머니와 상담을 했다. 역시나 힘든 인생을 사셨다. 부모님 뜻에 따라 스무 살도 안 되었을 때 얼굴도 모르는 남자와 결혼하고 꼬장꼬장한 시어머니 밑에서 삼십 년 동안 구박 받으며 지냈다. 남편이 장남이었고 밑으로 말썽꾼 시동생이 줄줄이 있었다. 시어머니와 남편에게 '무식한 년'이라는 소리를 이름처럼 듣고 살아온 인생이었다. 할머니는 중학교까지만 학교를 다녔고, 남편은 고등학교 졸업하고 일반 회사원이었다. 지금도 할아버지가 뭐라고 하면 깜짝깜짝 놀란다.

이야기를 들으면서 할머니의 온몸과 마음이 막혀있다는 느낌을 받았다. 육십 년 세월 동안 한 번도 자기 소리를 내보지 못했다. 막히면 병이 된다고 화가 몸 안에 갇혀 몸을 망가뜨리고 있었다. 화가 요동칠 때는 온몸에 열이 오르고 가슴이 벌렁거리고 몸이 벌벌 떨린다. 그 화가 새카맣게 타서 재가 되면 혀가 마르고 숨쉬기도 힘들고 한숨만 나오고 온몸에 힘이 빠진다.

육십 년을 가둬둔 한이라 풀리기 어렵다. 이런저런 약으로 증상을 약간 감소시킬 수는 있겠지만 별 효과는 없을 것이다. 할머니의 한과 증상은 죽을 때까지 남을 것이고 골골 거리다가 이 세상을 떠나게 되리라. 그 한 많은 세월을 누가 알아주고 풀어줄까? 안타까웠다. 그 한을 조금이라도 풀고 가셔야 할 것 같았다. 그게 나의 할머니에 대한 치료자의 도리라는 생각이 들었다. 그 한을 어떻게 풀어드릴 수 있을까?

극약처방을 하기로 했다. 할머니에게 사이코드라마를 하자.

사이코드라마는 내면에 깊이 묻어둔 한과 분노, 원망을 풀어내는데 탁월한 효과가 있다. 그러니 오래 묵은 한을 풀기 위해서는 이 방법밖에 없다. 하지만 깊은 곳에 갇혀있던 감정을 한순간에 폭발해야 하므로 고령의 할머니에게는 위험할 수도 있다.

  고민이 됐다. 굳이 이 위험한 치료를 해야 하나? 그냥 약과 상담으로 조금이나마 편하게 해드리면 그만이지 아닐까? 하지만 나는 알고 있다. 할머니에게 약이나 상담은 위암 환자에게 소화제나 진통제 주는 정도밖에 안 된다는 것을. 많은 정신과 의사 중에 사이코드라마를 하는 내게 할머니가 오신 것은 인연이다. 나는 할머니의 한을 풀 수 있는 강력한 치유법을 알고 있다. 강력한 치유법이라는 것은 그만큼 위험성도 따른다.

  고민 끝에 사이코드라마를 하기로 결심했다. 할머니의 삶을 만나고 한을 만나야 한다. 되든 안 되든 해봐야 한다. 그래서 할머니가 내게 온 것이다. 그것을 안 한다면 직무 유기다. 할머니의 삶 속으로 들어 가자!

* * *

  큰아들과 큰 딸을 불러 심리극을 해야 한다고 설명해 드렸다. 심리극이 뭔지도 모르는 분들이다.

"어머님은 화병입니다. 이 한과 화를 풀지 않고서는 백약이 무효입니다. 그래서 심리극 치료를 하려고 합니다. 심리극이 소리도 지르고 분노 표현도 하는데 연세가 있으셔서 심리극 하다가 무슨 일이 일어날지 모릅니다. 막말로 혈압이 터질 수도 있고 혼절할 수도 있습니다. 그래서 아드님과 따님이 함께 참석하셔서 지켜 봐 주셔야 합니다.

심리극을 한다고 치료가 된다는 보장은 없습니다만 이 한을 그대로 갖고 돌아가시게 할 수는 없습니다. 살아생전에 한 번이라도 어머니의 한을 풀어드려야 하는 것이 저희의 마지막 도리인 것 같습니다."

자녀들도 어머니의 화병을 짐작하고 있었다. 자기들도 어머니의 한을 풀기 위해 돌아가시면 천도제라도 해드릴까 생각했다면서 살아생전에 조금이라도 한이 풀릴 수 있다면 해 보겠다고 했다. 발생할 수 있을 응급상황에도 충분히 수긍했다.

심리극 날짜를 잡기 2주 전부터는 할머니를 매일 상담실로 불러서 "아아아아아아아아아아." 소리를 내는 연습을 시켰다. 할머니는 목소리가 거의 나오지 않았다. 아주 작은 소리로 겨우 의사 표시만 할 정도였다. 나와 상담할 때도 시어머니, 남편 이야기를 조금만 길게 하면 목소리가 떨리고 숨이 차서 말을 중단해야 했다.

　이 상태로는 심리극을 할 수가 없었다. 드라마를 하다 보면 소리도 지르고, 악을 쓰고, 욕도 하고, 비명을 지를 때도 있다. 막혀있는 상태에서 갑자기 오랫동안 억압된 감정을 토해내려고 하면 위험할 수도 있었다. 약간이라도 막힌 기운을 풀어야 했다.

　처음에 할머니는 5초도 소리를 못 냈다. 소리를 내자마자 온몸이 부들부들 떨리고 호흡도 거칠어졌다.

　"가슴이 두근거려서 못하겠어. 온몸이 떨려."

　다시 안정시키고 천천히 소리를 내도록 도왔다. 하루 두 번씩 소리 훈련을 반복했다. 연습을 2주 정도 하자 떨지 않고 안정적인 상태에서 소리를 10초 정도 할 수 있게 되었다. 이 정도면 할 수 있겠다.

*　*　*

　심리극 하는 날이다. 병원 밖에 따로 마련된 심리극 연구소에서 저녁 7시에 하기로 했다. 심리극을 도와주는 후배 몇 명을 불러서 미리 준비했다. 시간이 되었다. 심리극 연구소가 엘리베

이터가 없는 4층이라 할머니는 딸의 부축을 받고 겨우 올라오셨다. 아들은 참석하지 못 했다.

무척 어색해하는 할머니에게 심리극이 무엇인지 설명해 드리고 어린 시절 이야기부터 편하게 시작했다. 조금 안정이 되었을 때 첫 장면으로 후배들을 부모님 대역으로 세우고 돌아가신 부모님에게 하고 싶은 말을 하도록 했다.

할머니는 부모님을 찾아뵙지 못한 죄책감을 먼저 풀었다. 시어머니와 남편이 못 가게 해서 일 년에 한 번도 찾아뵙지를 못 했단다. 부모님에 대한 섭섭함도 풀었다. 출가외인이라고 그 집 귀신이 되라고 한 아버지에게 서운함을 이야기했다. 그러면서 할머니는 점점 극에 몰입했다. 낯설고 어색해서 할 수 있으려니 걱정했는데 말도 잘하시고 감정 표현도 잘하셨다. 이외였다. 할머니의 또 다른 면이었다.

다음 장면에서는 남편과 시어머니를 만나게 했다. 이번에도 도와주는 후배들이 대역을 했다. 외도하는 남편에게 한마디했다가 뺨 맞고 발로 차인 장면을 비롯해 눈치 보고 구박받은 사연들이 나왔다. 할머니는 남편에게 못했던 말을 다 하며 마음속 분노를 표현했다. 사이코드라마는 욕도 하고 신문지 방망이로 때리는 행위도 시킨다. 그렇게 강렬하게 행위를 해야 마음속 깊은 응어리가 풀어지기 때문이다. 살림 못한다고 매일 눈치 주고 툭하면 너희 집에 가라고 구박하는 시어머니에 대한 분노, 서러움도 토해냈다. 처음에는 작은 목소리로 시작됐던 드라마가 점점 큰 소리로, 악으로, 비명으로, 절규로 나타났다.

극은 클라이맥스로 향했다. 곧 할머니가 평생 잊지 못할 장면이 나왔다. 시집살이 초에 친정아버지 생신이니 집에 한 번 다녀오고 싶다고 이야기했다. 소나기 내리는 여름밤이었다. 시어머니는 툭하면 자기 집에 가려고 한다고 구박했다. 옆에 있던 살짝 술 취한 남편이 당장 너의 집으로 꺼지라면서 때렸고 머리채를 잡고 집밖으로 쫓아냈다. 스무 살 새댁은 억수같이 쏟아지는 비를 맞으며 무릎 꿇고 울었다. 연구소의 희미한 조명 빛 아래서 비 오는 여름밤의 장면이 재연됐다.

갓 스물의 새색시가 진창이 된 마당에 무릎 꿇고 울면서 무슨 생각을 했을까. 쫓겨나면 안 된다는 두려움이 있었을까. 갑자기 떠난 고향집에 대한 그리움이 있었을까. 이 집의 귀신이 되라는 아버지 말을 다시 가슴에 새겼을까. 그날 이후 그녀의 삶은 어떻게 바뀌었을까.

할머니는 50년의 한을 풀어냈다. 걸어 올라오기도 힘들어했던 할머니 몸속에서 어떤 힘이 생겨났는지 엄청난 기운으로 방망이를 들고 의자를 내리쳤다. 남편을, 시어머니를, 그리고 억울한 세상을, 그리고 억눌린 자신의 삶을 뒤집었다.

남편, 시어머니에 대한 한을 풀고 부모님에 대한 그리움까지 풀어냈다. 할머니는 탈진 상태로 주저앉았다. 더 이상 진행 할 수도, 더 할 것도 없는 것 같았다. 고요한 침묵만 흘렀다. 이제 마무리할 시간이다. 그때였다. 할머니가 뭔가를 중얼거리더니 갑자기 고개를 들고 허공을 보면서 웬 남자 이름을 불렀다.

"○○○!"

우리 모두는 놀랐다. 뭐지? 남편 이름인가? 아니었다. 할머니 목소리가 다시 격앙되었다.

"○○○! ○○○! 다 오빠 때문이야! 오빠가 나한테 편지를 보내서 그래. 그 편지 때문에 그래! 나는 그 편지를 읽지도 못했다고! 그 편지 때문이야! 다 오빠 때문이야!"

그 이름의 주인공은 할머니의 처녀 시절 동네 오빠로 밝혀졌다. 그는 친오빠 친구라서 집에 자주 놀러 왔었다. 그 오빠가 처녀 시절 할머니를 좋아했고 내색은 안 했지만 할머니도 그 오빠가 좋았다. 하루는 그 오빠가 친오빠에게 동생한테 전해 달라며 편지를 건넸다. 친오빠는 그 편지를 뜯어보고 킬킬 웃다가 아버지한테 들켰다. 아버지가 편지를 보고 노발대발해서 딸을 불러 어디서 연애질이냐고 엄청 야단치고 편지를 찢어 아궁이에 처넣었다. 그녀는 영문도 모른 채 혼났다. 그리고 몇 달 안 되어 알지도 못하는 집에 시집을 갔다. 그런 사연이었다.

할머니는 그 오빠 이름을 부르면서 엉엉 울었다. 정말 엉엉 울었다. 아무도 모르는 할머니만의 남자였다. 육십 년의 세월을 가슴속에 간직한 이름이었다. 말 한 번 건네지 못하고, 손 한번 잡지 못하고, 보낸 편지도 읽어보지 못한 그 인연이 할머니의 삶을 이렇게 바꾸었다. 사랑인지 분노인지 억울함인지 그리움인지…. 그 이름을 부르는 할머니의 울음 속에는 수많은 감정이 섞여 있었다.

누구나 그런 이름 하나 갖고 살아가는 것일까? 아무도 모르는 이름, 오직 나만 간직하고 있는 이름, 내 인생에 큰 영향을 준 이름, 그 사람 자신도 모르고 있을 이름 말이다.

드라마는 끝났다. 할머니는 누워서 숨을 몰아쉬었다. 눈에는 눈물이 흐른다. 지켜보던 큰딸도 입술을 꼭 다물고 주르륵 눈물 흘렸다. 딸이 옆에 다가가 앉는다. 엄마 손을 잡고 조용히 불러 본다.

"엄마…."

그리고는 참았던 울음이 터진다.

"엄마, 엄마, 엄마…. 미안해. 엄마, 미안해…."

딸은 엄마를 품에 안았다. 이제야 그냥 엄마가 아닌 한 여인으로서의 엄마를 만난 것이다. 딸이 절대 알 수 없었던 한 여인의 삶을…. 할머니의 감은 눈에서 눈물이 흘러내렸다.

* * *

심리극 하고 한 달 정도가 지났다. 할머니는 씩씩해졌다. 허리가 세워지고 걸음걸이도 좋아지고 목소리가 커졌다. 여러 증상도 거의 사라졌고 그 많던 약은 대여섯 알로 줄었다. 병간호한다고 간섭하던 남편도 집으로 쫓아 보냈다. 결국 할아버지 혼자 집에서 밥 해먹고 지내다가 할아버지가 우울증에 걸렸다. 그러자 자녀들은 엄마에게 퇴원하자고 성화다. 엄마가 좋아졌으니 집에 가서 아버지와 같이 생활했으면 좋겠다고, 아버지 혼자 생활하다 병나겠다고. 그래도 할머니는 단호했다.

"너희들이 알아서 해라. 칠십 년 인생을 내 부모님을 위해서, 남편과 시어머니, 그리고 너희들을 위해서 이렇게 살아 온 것으로 충분하다. 끝까지 나를 아버지한테 매어 두려 하지 말아라. 죽을 때까지 눈치 보면서 네 아버지 밥 해 주고 살기 싫다."

다른 자녀들은 아빠 혼자 살면 병날 텐데 엄마가 너무 한다고 투덜댔다. 큰딸만이 이제는 엄마 하고 싶은 대로 살게 해드리자고 형제들을 설득했다.

"나는 엄마의 삶을 봤어. 너희에게 말해도 이해 못 하겠지만. 나는 알아, 엄마의 삶을. 그러니 이제 엄마를 자유롭게 해 드리자. 그게 우리가 할 수 있는 마지막 효도야."

할머니의 애인

2년 넘게 우울증 약을 복용하시는 70대 초반 할머니가 오셨다. 매달 할아버지와 같이 오셔서 약을 타가셨다. 한 때 우울증이 심해서 힘들어하셨지만 지금은 경미한 우울증만 남아 있어서 약 용량도 많이 줄인 상태다. 할머니는 다시 우울증이 심해질까 겁난다고 더 이상 약을 줄이지 말라고 부탁한다. 부작용도 없으니 이대로 평생 약을 먹고 살겠다고 하신다. 오늘도 한 달 만에 오셨다. 그런데 이렇게 말씀하신다.

"이번만 약 타고 안 와도 될 것 같아요. 혹시 몰라서 마지막으로 약을 타다 놓는 거예요. 우울증이 없어졌어요."

"잘 됐네요. 정말 우울감이 없으세요? 무기력한 것도요?"

"네. 없어요. 요새는 기분도 좋고 살맛이 나요."
"어? 정말 약 안 드셔도 괜찮겠어요?"
"네. 이제 다 괜찮아요."

오실 때 마다 늘 사는 낙이 없다하시고 하느님이 자기를 빨리 데려갔으면 좋겠다는 분이셨는데 의아하다. 그때 옆에 있던 할아버지가 말한다.

"임영웅 때문에…."

우잉? 임영웅?

"할머니 임영웅 팬이세요?"

표정이 환해진다.

"네. 왕팬이에요. 세상 태어나서 처음으로 팬 됐어요. 영웅시대도 가입하고요."

환하게 웃으면서 이야기한다. 세상에나, 세상에나…. 정신과 의사가 2년 동안 약주고 상담해도 별 소용없던 우울증이 한 방에 사라지다니. 이어서 할아버지가 거든다.

"돈 많이 들어. 임영웅이 선전하는 거 죄다 사려고 해. 딸들이 콘서트 티켓 끊어 주고. 나보다 임영웅을 더 좋아해."

할머니가 그걸 말이라고 하냐면서 어이없다는 듯이 할아버지를 쳐다본다.

할머니와는 기분 좋게 치료를 종결했다. 할머니는 환하게 웃으면서 인사했다.

"그동안 고마웠어요."

"저보다는 임영웅한테 고마워하세요."

할머니가 깔깔 웃는다. 처음 본다. 저 소녀 같은 웃음을….

* * *

나는 임영웅을 대한민국 조상님들이 보낸 민족혼의 특사라고 생각한다. 70~80대 연세의 우리 어머니, 할머니들의 한을 풀어드리라는 명령을 받고 내려온 특사. 정말 그렇게 생각한다. 그게 아니라면 아무리 노래를 잘 한다고 해도 이런 신드롬이 나타날 수 있을까? 팬덤 형성이 불가능한, 아예 대중문화에 무관심한 세대를 어떻게 이렇게 홀릴 수 있단 말인가!

나는 정신과 의사로써 임영웅 신드롬을 체험해 보고 싶었다. 콘서트 갈 생각은 엄두도 못 내고 대신 임영웅 콘서트를 영화로 만든 〈I'm Hero〉를 영화관에서 봤다. 영화에서 잠실 운동장이 하늘색 옷을 입고 응원 봉을 흔드는 우리의 어머니, 할머니들로 가득 찼다. 소녀같이 웃고 함성 지르고 응원 봉을 흔들면서 떼창을 하는 우리 어머니들을 보면서 나도 모르게 눈물이 흘렀다. 우리 어머니들의 사랑과 소망, 슬픔과 기쁨을 마음껏 펼치는 한마당이었고, 그들의 헌신과 희생을 웃음과 눈물로 풀어내는 한풀이 굿이었고, 대한민국 딸들의 아름다운 축제였다.

영화를 보면서 이런 생각이 들었다. 이 시대의 어머니들이 한 많은 우리 민족의 여성들의 마지막 세대가 아닐까. 그 마지막 세대를 위해 한민족의 혼이 임영웅을 보내 멋진 한풀이 굿을 해 주는 게 아닐까.

"우리 영웅이를 만나고 우울증이 좋아졌어요."
"우리 영웅이를 만나고 다시 웃게 됐어요."
"우리 영웅이를 만나고 살맛이 났어요."
"영웅이를 만나고 외로움이 사라졌어요."

임영웅은 정신과 의사 백 명의 역할보다 더 큰 역할을 하고 있다. 정신과학회에서 임영웅에게 감사패라도 드렸으면 좋겠다. 표창장이나 감사패를 주자고 건의라도 해 볼까? 아니다, 반대로 보면 우리 밥벌이를 줄였으니 이걸 어쩌나 싶기도 하다.

하여튼, 영웅 씨 고마워요. 그 할머니가 더 이상 우리 병원에 오지 않게 해 주셔서요. 아니, 여어어엉원히 오지 않게 해 주셔서요.

풍뎅이 정신과

정신병원에 봉직의로 있다가 나 홀로 개업을 결심했다. 병상 30개의 입원실을 갖추고 개원 준비를 했다. 의원 이름을 무엇으로 할지 고민이다. 우선 '마음'이 들어가는 이름이 떠오른다. '마음 편한', '마음사랑', '온 마음', '한마음'…, 그런데 너무 상투적인 것 같다. 이건 어떨까. '편안한', '기분 좋은', '즐거운'…. 이것도 아니다. 정말 이름 짓는 게 쉽지 않다. 여기저기 지인들에게 의원 이름을 생각해 달라고 부탁했다.

그러다 좀 색다른 이름으로 임팩트를 주는 게 좋겠다는 생각이 들었다. 그래, 나는 사이코드라마도 할 거니까. 임팩트 있는 이름으로 하자. 그래서 떠 오른 이름이 '풍뎅이'였다. 왜 하필 풍뎅이가 떠올랐을까? 언젠가 읽었던 시인 김수영 님의 시집에 〈풍뎅이〉라는 시가 나온다. 풍뎅이가 설움에 까맣게 탔다는 내용인데 그 이미지가 좋았다. 환자들의 마음도 새까맣게 타지 않았나. 풍뎅이 같은 인생 아닌가. 괜찮게 느껴졌다. 신선하게 느껴졌다.

새까만 풍뎅이가 푸른 빛을 띠고 싱싱하게 다시 날게 하리라. 사이코드라마라는 독특한 치료법에도 어울릴 색다른 이미지리라. 그래, 정했다. 풍뎅이 정신과!

기분이 좋았다. 내 느낌이 좋다는 것은 괜찮다는 뜻이다. 아내에게 제일 먼저 말했다.

"병원 이름 정했어요."

"어? 그래요? 이름이 뭔데요?"

"풍뎅이 정신과."

"에? 뭐라고요?"

"풍뎅이 정신과…."

"풍뎅이요? 그 이상하게 생긴 벌레요?"

"어. 그런데 벌레가 아니라 곤충이지."

"하여튼 벌레든 곤충이든, 그 풍뎅이?"

아내가 정말 입을 못 다문다. 그리고 눈을 동그랗게 뜨고 나를 쳐다보더니 한마디 한다.

"당신 미쳤어?"

아내는 말도 안 된다면서 극구 반대다. 왜 그 이름이냐고 내게 물었다. 나는 김수영의 시, 어쩌고저쩌고하고 설명을 했다. 아내가 말했다.

"그건 당신 생각이지. 진료 받으러 오려던 사람도 '풍뎅이 정신과'라는 간판 보고 '어? 정신과 의사 중에서 이상한 사람 많다고 하는데….' 이렇게 생각하고 안 올걸? 나는 절대 반대야!"

나는 속으로 생각했다.

'내 병원인데 내가 정해야지. 내 반대할 줄 알았지.'

개원하면서 같이 일하기로 한 간호사 두 명에게 말했더니 신선해서 좋다고 적극 찬성이다. "와! 원장님다운 이름이에요. 풍뎅이 정신과! 나중에 전국적으로 유명해질 것 같은데요?"

두 간호사는 나와 오래 같이 지내왔기에 내 성향을 잘 안다. 힘을 얻었다. 그래, 밀고 나가자.

풍뎅이라는 이름을 지인들에게도 말했는데 역시나 대부분이 반대했다. 그럴수록 나는 풍뎅이에 대한 철학이 확고했다. 봉황의 뜻을 어찌 알리오. 봐라, 대박 날 테니까.

마지막으로 예술적 감각이 있는 선배에게 물었다. 그 형은 산부인과 전문의인데 글도 쓰고 그림도 그린다.

"형, 나 개업하려고. 입원실 갖고서."

"축하한다."

"그런데 병원 이름 때문에 물어보려고."

"왜? 이름이 뭔데?"

"풍뎅이 정신과."

"우잉? 풍뎅이? 너 미쳤냐? 야, 누가 봐도 그 의사 '또라이'네 이럴 거다. 그런데 왜 풍뎅이냐?"

나는 또 구구절절하게 설명했다.

"야, 관둬라, 관둬. 그건 네 생각이지. 그 간판 보고 또라이 의사구나 그런다. 백 퍼센트 내 말이 맞다. 절대 안 된다. 절대 안 돼! 고민도 하지 말고!"

선배가 하도 반대해서 다시 생각해 보기로 했다. 결국 이런 생각에 도달했다. 그래, 굳이 이름 가지고 모험을 할 필요가 있을까? 괜히 병원 이름으로 환자들에게 혼란을 줄 필요는 없을 것 같다. 그래, 평범한 이름으로 하자.

아내에게 풍뎅이 안 한다고 이야기했더니 한마디 툭 던진다.

"이제 정신이 들었네."

간호사 둘은 아쉬워했다.

"풍뎅이가 좋은데…."

결국 '우리들 정신과의원'으로 이름을 지었다. 아주 평범하게. 조금 아쉬웠지만 튀지 않는 게 나았다.

* * *

풍뎅이는 절대 안 된다고 했던 산부인과 선배가 개원한다고 연락했다. 분만실을 갖춘 산부인과 의원을 혼자 한다고 한다.
"분만실까지 혼자 하기 힘들지 않겠어?"
"그래도 젊었을 때 열심히 해야지."
"밤에 분만 있으면 어떻게 해? 24시간 대기해야 하잖아."
"그래도 생명이 탄생하는 일인데, 열심히 해야지."
"의원 이름은 정했어?"
"어."
"뭐로 했어?"
선배가 확신에 찬 목소리로 말한다.
"코끼리 산부인과."
"뭐라고? 코끼리 산부인과라고?"
"응."
"헐…. 형, 미쳤어?"
"왜?"
"아니, 산부인과 이름이 코끼리야? 산모들이 코끼리 같은 애가 태어날까봐 절대 안 가겠다. 말도 안 돼. 그런데 왜 하필 코끼리야? 귀여운 새끼돼지도 아니고?"

선배는 코끼리 산부인과를 하려는 이유를 설명했다. 선배가 초등학교 다닐 때 〈신상(神象)〉이라는 인도 영화를 봤다. 인간과 코끼리의 신뢰와 사랑 이야기다. 그 영화에서 나온 코끼리 눈이 너무 아름다워서 잊을 수가 없었다. 그리고 그 코끼리의 똑똑함과 의리가 선배 마음에 감동으로 남아 있었다. 내 병원에서 태어난 아이들이 똑똑하고 사랑이 넘치고 의리 있고 눈이 맑은 아이로 자랐으면 좋겠다는 의미라고 한다.

음…. 의미는 좋은데, 풍뎅이도 의미는 좋았는데…. 그래도 코끼리는 절대 안 된다고 했다. 그래도 선배는 코끼리를 포기하지 않으려고 한다.

그래서 내가 말했다.

"형. 내가 개업할 때 풍뎅이 정신과 한다고 했던 거 기억 나?"

"어? 어. 그래 맞아. 그랬지."

"지금 형 코끼리가 내 풍뎅이랑 똑같은 거 알아?"

"어…?"

그리고 선배는 한참 말이 없었다.

"어? 그런가. 어, 그럼 안 되겠네…."

그 선배는 산부인과 이름을 '보석 산부인과'로 정했다. 보석 같은 아이들이 태어나라고.

* * *

개업하고 일 년쯤 지났을까. 문득 나는 왜 풍뎅이에 집착했는지 궁금해져서 김수영 시집에서 시 〈풍뎅이〉를 다시 찾아봤다. 그런데 이럴 수가! 그 시집에는 〈풍뎅이〉가 없었다. 대신 〈거미〉만 있었다. 내가 완전 착각했다.

거미

김수영

내가 으스러지게 설움에 몸을 태우는 것은
내가 바라는 것이 있기 때문이다.

그러나 나는 그 으스러진 설움의 풍경마저 싫어진다.

나는 너무나 자주 설움과 입을 맞추었기 때문에
가을바람에 늙어가는 거미처럼 몸이 까맣게 타버렸다.

까맣게 탄 게 풍뎅이가 아니라 거미였구나. 그럼, 내 병원 이름이 '거미 정신과 의원'이 되었으려나? 그럼, 거기 의사는… 스파이더맨?

홀연히 사라진 한글 할아버지

내가 한창 젊은 정신과 의사였을 때 겪은 이야기다.

겨울, 저녁 6시가 다 되어 간다. 문을 닫을 시간이다. 밖은 춥고 깜깜하다. 오늘따라 힘든 환자들이 많아서 피곤했다. 이제 들어가야지 생각할 때, 전화벨이 울렸다. 외래 간호사다.

"원장님, 초진 환자가 왔는데요. 어떻게 하죠?"

초진 환자는 상담하는 데 시간이 걸린다. 남은 시간은 10분인데, 아무래도 안 되겠다. 다음에 오시라고 하려다가 어떤 분인지 궁금해서 물었다.

"어떤 분인데요?"

"할아버지세요."

"할아버지?"

당시 내가 개업했던 의원은 시외버스 터미널 근처였다. 그래서 버스 타고 오가는 시골 할머니 할아버지들이 가끔 찾기는 하지만, 이 늦은 저녁에 무슨 일로 오셨을까? 시골 할아버지 할머니들은 아주 힘들지 않은 이상 쉽게 정신과 의원을 찾지 않는다. 어렵게 오셨을 게 틀림없는데. 지금 안 봐 드리면 영영 안 오실 수도 있다. 대개 어르신들은 우울증, 불면증인 경우가 많으니 잠깐 이야기 듣고 빨리 약을 처방해 드리자고 생각했다.

외래 간호사에게 말했다.

"진료할게요. 빨리 끝낼게. 걱정 마요."

외래 간호사도 퇴근해야 하니까.

* * *

70대 초반의 전형적인 시골 할아버지다. 머뭇거리면서 말씀하신다.

"시외버스 차를 한 시간 기다려야 돼. 정신과 간판이 보여서 그냥 한 번 와 봤어. 하도 답답해서. 이런 걸로 여기 와도 되나 생각했지만, 말이라도 해야 속이 풀릴 것 같아서."

어? 단순한 우울증 불면증이 아니다.

"내가 한글 공부를 하고 있어. 글자를 몰라서 배우는 게 아니고 세종대왕이 만든 한글을 연구하는 거야. 그런데 그게 말이 안 되거든. 내가 초등학교만 나왔는데 무슨 연구를 하겠어. 평생 농사만 지었는데. 그런데도 한 십 년 전부터 한글 생각이 나는 거야. 자꾸 한글이 떠올라. 그래서 한글이 어떤 원리로 만들어졌을까 혼자 공부했어.

그러다가 깨달았어. 한글이 소리글자가 아니라 뜻글자인 거야. 그걸로 풀어 보면 한글이 더 쉽고 오묘해. 한글이 더 잘 이해가 되는 거야. 내가 교수 친구라도 있으면 이런 이야기를 할 텐데. 그렇다고 내가 논문을 쓸 줄 아는 것도 아니고. 그러니까 나만 이걸 발견한 거지. 나 같은 무지렁이한테 왜 이런 생각이 나서 마음을 괴롭히나 싶어서 힘들어."

농사짓는 시골 할아버지가 어쩌다 깨달음을 얻으셨나 싶어서 물었다.

"한글이 소리글자 아닌가요? 어떻게 뜻글자예요?"

할아버지가 말한다.

"설명하기는 좀 그래. 예를 들어 'ㄹ'은 달린다는 뜻이야. '돌', '물', '말', 모두 'ㄹ'이 들어가잖아. 흐르거나 달리는 거지. 그런 식이야."

할아버지가 하시는 말들이 보통이 아니다. 독특한 할아버지였다. 이미 시간은 6시를 훌쩍 넘었다. 뭔 소리인지 잘 알아들을 수는 없었지만, 더 듣고 싶었다. 그리고 할아버지가 어디서 이런 이야기를 하시겠나. 속이라도 좀 풀리게 나라도 들어드리자 하는 마음이었다. 간호사에게는 내가 뒷정리할 테니 먼저 퇴근하라 하고 할아버지 이야기를 좀 더 들었다. 할아버지는 자신이 발견한 이론을 몇 개 더 이야기하셨지만 내가 잘 이해를 못하는 듯하자 중단하셨다.

"차 시간이 다 됐으니 가야지."

그러면서 한마디 하신다.

"원장이 내 말 잘 들어줘서 고마워. 이렇게라도 이야기하니 속이 좀 풀리네. 내 인생이 이렇게 태어났으니 어쩌겠나. 내 이야기 들어준 보답으로 내가 원장에게 한 가지 도움 될 말이라도 해 주고 싶네. 지식이 뭔지 아나?"

"네? 지식이요?"

"그래, 지식."

"많이 아는 거 아닌가요?"

"그렇지."

"내 그 이야기를 할게. 지식(知識)은 한자로 쓸 수 있나?"

"네."

내가 A4 용지를 꺼내 한자로 '지식'을 쓰자 할아버지가 이를 부수로 나눠서 다시 쓰고 설명한다.

知識(지식)
知(지): 矢(화살 시) + 口(입 구)
識(식): 言(말씀 언) + 音(소리 음) + 戈(창 과)

"부수를 보면 이렇게 나눌 수 있어. '시'는 '화살 시(矢)' 자야. '과'는 '창 과(戈)'지. 지식의 깊은 뜻은 입으로 활을 쏘고 말과 글이 창이 되어 찌르는 거야. 그래서 지식을 함부로 쓰면 안 되는 거야. 다른 사람을 다치게 하지. 원장은 지식을 잘 써야 돼. 그리고 지식보다는 지혜로운 의사가 되시게나."

그렇게 할아버지는 휑하니 가셨다. 할아버지 마음이 어떠실까? 누구에게도 알릴 수 없는 깨달음을 갖고 계시니. 어찌 시골 농부가 그런 깨달음을 얻었을까. 전생에 한글 창제에 관여하신 분이셨을까? 시대를 잘 만났다면 국문과 교수라도 하셔서 훌륭한 업적이라도 내셨을지도 모른다. 그 재능을 펼치지 못하니 얼마나 답답하실까.

***

　겨울밤, 병원에 나 혼자 남았다. 책상 위에 둔, 부수로 나뉜 '지식'이 눈에 들어왔다. 입으로 활을 쏘고 말과 글이 창이 되어 찌른다.

　나는 그 이후로 내 지식이 활과 창이 되지 않게 늘 조심했다. 지식을 칼처럼 휘두르고 싶을 때마다 혀를 깨물었다. 그리고 많은 토론장에서 칼과 창이 부딪히는 소리를 들었고, 자신의 지식을 칼처럼 마구마구 휘두르고 승리의 기쁨을 만끽하는 사람들도 보았다.

　그 할아버지 덕에 나는 조금 더 지혜로운 사람이 될 수 있었다. 20년도 훨씬 넘은 아련한 기억이다. 돌아보니 신기하다. 겨울밤에 시외버스를 기다리던, 스스로 무지렁이라던 시골 할아버지가 젊은 정신과 의사에게 왜 뜬금없이 지식의 숨은 의미를 알려주고 가셨을까? 그 할아버지는 내게 지혜를 알려주려고 온 도인이 아닐까? 그 이후로 혀 깨무는 훈련을 통해 지식과 지혜의 차이를 조금씩 알게 되었다.

* * *

지식은 공부고 지혜는 경험이다.
지식은 외부에서 얻고 지혜는 내부에서 나온다.
지식이 많으면 적이 많고 지혜가 많으면 친구가 많다.
지식은 승패고 지혜는 화합이다.
지식은 밖을 보고 지혜는 안을 본다.
지식은 남을 보고 지혜는 나를 본다.
지식은 부분을 보고 지혜는 전체를 본다.
지식은 사물을 보고 지혜는 사람을 본다.
지식은 올라가려 하고 지혜는 내려갈 줄 안다.
지식은 이겨야 하고 지혜는 질 줄 안다.
지식은 말과 글이고 지혜는 태도다.
지식은 머리고 지혜는 마음이다
지식은 힘이고 지혜는 사랑이다.
지식에 갇히고 지혜로 열린다.

정신과 의사의 술버릇

졸업 20주년 기념 동기 모임이 있었다. 동기라고 하지만 내가 일 년 휴학하고 복학한 뒤에 만난 후배들이라 그렇게 정이 들지 않았다. 그래서 그동안 동기 모임에 한 번도 나간 적이 없었는데 특별히 20주년이라 이 친구들이 어떻게 변했는지 보고 싶어서 참가했다. 학창 시절의 얼굴 그대로인 애도 있지만 얘가 누구지 할 만큼 변한 애도 있었다. 모두가 반가웠다.

공식 예식이 끝나고 식사하고 자연스럽게 어울리는 시간이 되었다. 우연히 지금 본교에서 기초의학 교수로 있는 여자 후배와 이야기하게 되었다. 걔는 지금도 나를 우상이 형이라고 부른다.

"형이 옛날에 나한테 말한 게 있는데, 형은 정신과 의사 돼서 그 원하는 목표를 달성했어?"

우잉? 무슨 소리지? 내가 얘한테 뭔 말을 했지?

"무슨 목표?"

후배가 말했다.

"형이 학교 다닐 때 정신과 의사 하겠다면서 이런 말을 했어. 나는 남들이 고칠 수 없는 정신분열증 환자 열 명을 치료하면 정신과 의사로서 여한이 없을 거라고. 그 말 했던 것 기억 나?"

이제야 기억난다. 아니 그건 기억이 아니다. 내가 지금도 품고 있는 나의 직업에 대한 사명이고 가치니까. 정신병원에 평생 입원해서 살아야 할지 모를 환자를 내가 잘 치료해서 건강하게 살 수 있게 한다면 그것은 정말 의미 있는 일이기 때문이다. 나는 그런 뜻을 품었다. 내가 이 후배에게 언제 어디서 그런 말을 했는지 기억나지 않지만, 이 후배는 20년도 더 된 나의 말을 기억하고 있었다.

"물론, 내가 그런 말을 했을 거야. 어디서 했는지 모르지만. 그런데 놀라운데? 어떻게 그걸 기억하니?"

"형 말이 참 색다르게 느껴져서 그래. 형은 정말 좋은 정신과 의사가 되고 싶구나 하는 생각이 들었거든."

그 젊은 날, 나는 그랬다. 내가 꼭 있어야 할 과가 정신과라고 생각했다. 감기 환자라면 나나 너나 누구나 치료할 수 있겠지만 정신과는 그 자리에 누가 있느냐에 따라 다를 것이라고 생각했다. 조현병 환자나 우울증 환자를 볼 때 약이야 비슷하겠지만 환자를 대하는 태도에서부터 사연을 들어주는 마음, 가족의 문제를 다루는 방법까지 의사마다 다르다. 그리고 그 만남은 그 환자에게는 소중한 인연이 될 것이다. 나는 누구보다도 좋은 정신과 의사가 될 것이라는 자신감이 있었다. 왜 그랬는지는 모른다.

* * *

나는 정신과 의사가 되고 나서 술버릇이 하나 생겼다. 술 취하면 뭔 말을 할 때마다 농담 식으로 "백 년 만에 한 번 나올까 말까 하는 정신과 의사가 하는 소리야." 하고 말하는 것이다. 정신과 의사 된 지 얼마 안 되어서부터 이런 주사(?)가 생겼다. 여기에는 사연이 있다.

아주 먼 옛날 일이지만 아직도 기억한다. 입국식 때였다. 입국식은 정신과 일 년 차 전공의가 되어 정신과 의국에 들어간다는 일종의 신고식이다. 이 날은 술이 떡이 되도록 마시는 날이다. 각오를 단단히 해야 했다. 정신 차리고 선배들이 주는 술을 잘 받아마셨다. 물론 취했지만, 마지막 3차 맥주 집에 갈 때까지 겨우 버텼다. 그때 막내 교수님이 술에 취했다. 교수님은 취하면 전공의 머리통에 꿀밤을 때리는 주사가 있었다. 재수 없게도 내가 그 옆에 앉게 되었다.

"윤우상! 정신과 의사는 아무나 하는 거 아냐! 너 똑바로 해, 알았어?"

교수님이 꿀밤을 서너 대 때렸다. 어? 그런데 그냥 꿀밤이 아니었다. 머리에 혹이 날 정도로 정말 아팠다. 엄청 취한 상태인데도 너무 아파서 화가 날 정도였으니까…. 비몽사몽 취중에 나는 복수심(?)에 불타 속으로 이렇게 다짐했다.

'○○ 교수! 난 너보다 더 훌륭한 정신과 의사가 될 거야. 백년 만에 한 번 나올까 말까 하는 정신과 의사가 될 거야. 두고 봐.'

그때의 취중 복수로 시작된 결심이었다. 그 결심이 현실에서는 이루어지지 못하고 술주정으로만 남게 되었다. 친구들과 술 마시다가 내가 "야~ 백 년 만에 한 번 나올까 말까하는 정신과 의사가 하는 말이야!" 하는 순간 다들 내가 취했다는 걸 안다.

취중 진담이라는 말이 있다. 잠재의식 속에 내가 명의라는 과대망상이 있는 건 아닌지 생각해 봤다. 정신의학이 아직까지 모호한 학문이라 한 환자를 놓고 의사마다 다른 진단을 내리고 다른 약을 써도 누가 뭐라고 하기 어렵다. 그러니 내가 명의라고 한들 누군가 지표 들이대면서 반박할 수도 없다.

정신과 명의의 기준은 무엇일까? 환자들이 "선생님은 참 편해요. 제 말을 잘 들어주세요."라고 말해 주는 정신과 의사는 대부분 자기가 좋은 의사라고 생각한다. 그래서 나도 무의식적으로 명의라고 생각하고 있는 건 아닐까? 그래도 내가 선후배 의사들에게 "제가 백 년에 한 번 나올까 말까 한 정신과 의사입니다." 하고 떠들지는 않을 테니 이 정도 술주정은 괜찮으려니 하며 그냥 산다.

남편이 바람피우는 것 같아요

부부가 진료실을 찾았다. 아내가 의부증 같다면서 남편이 데리고 왔다. 아내는 마지못해 왔다. 남편의 설명이다.

"아내가 저를 너무 의심해요. 아내 친구 중에 질투심 많고 남 말하기 좋아하는 친구가 있어요. 그 친구가 남편이 바람나서 이혼했대요. 그런데 그 친구가 아내에게 네 남편이 바람피는 것 같다고 이야기한 뒤에 의부증이 더 심해졌어요. 아내는 어렸을 때 부모님이 이혼했어요. 이혼 사유는 아버지의 바람 때문이래요. 그것 때문에 상처를 많이 받아서 그런지 아내는 나도 바람피울까 봐 걱정을 많이 해요.

내가 당신이 불안하고 너무 예민해서 그런다고 이야기해도 소용이 없어요. 아내의 의심을 이해하고 포용해 주었는데 요새는 너무 심해요. 제가 이 사람 아버지가 아니잖아요. 왜 나까지 의심을 하는지. 정말 괴롭습니다. 선생님이 명의라는 소문을 듣고 찾아왔어요. 애 엄마를 잘 치료해 주세요."

어? 명의? 나 명의 아닌데. 어디서 그런 이야기를 들었을까…. 남편은 나가 있으라 하고 부인과 상담을 했다.

"친구가 봤대요. 등산복 입고 여자랑 둘이 차에서 내리는 것을요. 그걸 세 번 정도 봤대요. 그 친구가 나한테 이야기할까 말까 하다가 미리 단속해야 할 것 같아서 이야기했대요. 남편이 요새 일박 이일로 등산 가니까 더 의심스러워요. 그런데 내가 의부증이 아닌가 하는 생각도 들어요. 남편 이야기도 맞아요. 아버지가 외도로 이혼해서 그런 게 늘 신경 쓰였어요. 제가 예민한 것 같기도 하고…. 제 성격이 문제가 있는지 남편이 정말 바람피우는 건지 모르겠어요. 힘들어요."

이야기를 듣고서 참 난감했다. 남편에 대한 의심이 전혀 근거 없지 않기 때문이다. 대부분 진료실을 찾은 환자는 근거 없는 상상 속 의심이기 때문에 바로 의심증이란 것을 알 수 있는데, 이렇게 팩트 체크가 필요한 경우는 극히 예외였다.

이분을 의부증 환자로 보고 치료를 해야 하는지 고민이 되었다. 졸지에 정신과 의사에서 바람잡이 탐정이 되었다. 이런 저런 핑계로 늦은 귀가, 빈번한 주말 약속 등, 소위 '남편이 바람 피울 때 나타나는 행동'이 나오고 게다가 친구의 목격도 있다. 근거 있는 타당한 의심인데. 이런, 정신 차리자. 내가 뭐하는 거지.

그런데 이제 어떻게 하지? 환자에게 정신과 의사 촉으로 볼 때 남편이 바람피는 것 같다고 이야기할까? 그러면 남편이 와서 가정 파탄 낼 일 있냐고 난리칠 텐데…. 그렇다고 남편을 따로 불러서 "당신, 솔직히 이야기해봐. 내가 비밀을 지킬게. 당신 바람 피고 있지?" 하고 물어 볼 수도 없고….

의부증이니 치료 받으라 하기도 그렇고, 문제없으니 그냥 가도 된다고 할 수도 없다. 그것도 명의라고 찾아왔는데 말이다. 우선 내담자에게 솔직히 말했다.

"그런 정도의 의심이라면 누구나 할 수 있을 것 같습니다. 팩트를 밝히려고 뒷조사를 하지 않는 이상 사실 여부를 확인하긴 어렵겠죠. 결국 의심하는 사람만 괴롭습니다. 뒷조사까지 하겠다는 마음이 없다면 의심을 끊어내는 게 최선입니다. 무척 어렵지만요. 의심 때문에 너무 불안하거나 우울증이 있다면 약이 도움될 수 있습니다. 약은, 원하신다면 드리겠습니다."

이렇게 말할 수뿐이 없었다. 내담자는 약을 원하지 않았다. 나도 남편을 따로 만나지는 않았다. 남편에게 뭐라고 할 말이 없었기 때문이다. 그렇게 진료를 마무리했다.

그런데 남편이 아내를 데리고 진료실로 다시 들어왔다. 궁금한 게 있다면서 약은 안 먹어도 되는지, 아버지의 이혼으로 트라우마 받은 것에 대해서 지속적인 상담 치료를 할 필요는 없는지 물어본다. 그렇게 힘들지 않으면 굳이 약을 먹을 필요는 없고, 아버지와 관련된 상담은 본인이 적극적으로 원하지 않으면 도움이 안 된다고 설명했다. 남편은 마지막 질문이라면서 진료 받으러 또 안 와도 되냐고 물었다. 더 힘들면 그때 오시는 게 좋다고만 답했다. 옆에 있던 부인이 "안 와도 돼. 내가 의심 안 하면 되지." 하고 말했다. 남편이 알겠다고, 고맙다고 하고 나갔다.

보내고 나서도 찜찜했다. 기분이 안 좋았다. 이건 남편의 고도의 가스라이팅 아닌가? 정신과 의사까지 동원해서 아내의 성격이 문제라고 확인시키려는 전략 아닌가? 가만 보니 나도 가스라이팅 당한 것 같았다. 명의라는 말에 나도 살짝 넘어갔으니 말이다. 그 말이 없었다면 남편에게 "부인은 병적인 의부증이라고 할 수 없습니다. 정상적인 범위의 의심이라고 봐야 합니다. 대신 아내의 마음을 잘 수용해 주시고 아내를 좀 더 안심시켜주시는 게 필요합니다."라고 했을 거였다. 아! 남편의 완전범죄에 나도 당한 것인가.

* * *

    의처증, 의부증이 너무 많다. 걱정이다. 여자 대학생이 의부증 때문에 치료받겠다고 왔다. 정확히 말하면 의부증이 아니라 남친 의심증이다. 남친이 카톡에 답이 없거나 전화를 안 받으면 다른 여자를 만나는 게 아닌지 엄청 불안해한다. 남친에게 묻고 따지면서 관계가 깨지고 결국 헤어진다. 이런 일이 한두 번이 아니다. 괜찮은 남자랑 가까워지면 꼭 이런 일이 반복되니 이래서는 결혼도 못할 것 같고, 결혼해서도 문제가 될 것 같다고 치료하러 온 것이다.

    의심증은 세대를 초월한다. 한 할아버지는 할머니가 경로당에 있는 어떤 영감과 바람이 났다고 할머니를 때리고 난리 쳤다. 할머니 연세가 여든이 넘으셨는데 그런다.

    나도 1~2년 정도 의처증에 시달린 적이 있었다. 아내가 동창회만 가도 의심하고, 늦게 들어오면 더 의심하고, 카톡을 오래 안 받으면 의심하고, 뭔가 혼자 스마트폰 보고 있어도 의심되어서 정말 괴로웠다. 다행히 저절로 빠져나왔다. 정말 다행이다. 나도 이렇게 의처증에 시달리는데, 정신과 의사 30년에 수많은 공부와 정신적인 내공을 쌓은 내가 이런데, 어느 인간인들 의심증에서 자유로울 수 있을까….

정말 많은 부부가 보이지 않는 의심증으로 힘들어하고 있다. 그렇다고 진료실을 찾을 정도도 아니다. 사실 진료실에 온다 해도 특별히 해줄 치료법도 없다. 우여곡절 끝에 그 심각성이 저절로 줄어들면 다행일 뿐이다.

의처증, 의부증은 의심의 바이러스에 감염된 것이다. 생각을 조종하는 바이러스다. 나약한 인간의 의지로는 의심의 바이러스에 저항할 수 없다. 한 번 걸리면 고통의 수렁에 빠지고 심하면 악마의 힘에 끌려 지옥으로 떨어진다. 사랑하는 사람을 의심하고 분노하고 파괴하는 지독한 형벌이다. 어디다 도움도 청할 수도 없는 안타까운 고통이다.

의처증, 의부증을 치료하는 방법을 찾는 것이 나의 정신과 의사로서의 마지막 미션이 될 것이다. 의심증에서 빠져나오게 해야 한다. 지옥에서 탈출시켜야 한다.

뺨 맞은 정신과 의사

스물여덟 살 청년이었다. 우울하고 죽고 싶은 마음이 든다고 진료실을 찾았다. 초진이었고 자살 사고가 있는 청년이라 시간을 내서 상담했다.

공무원 준비 중인데, 시험에 두 번 떨어졌다. 공부에 집중도 안 되고 계속 떨어질 것 같은 불안이 올라왔다, 한 달 넘게 무기력과 무의미 상태가 지속되었고 이렇게 힘들게 살아야 하나 하는 생각에 죽고 싶은 마음이 들었다. 어떻게 죽을지 가끔 생각해 보았지만 실제 시도할 마음은 없다고 했다. 아버지는 일찍 돌아가시고 엄마, 누나와 같이 살고 있다. 자살 사고가 있으니 주의를 요하는 상태였다.

청년은 속마음을 털어놓으니 마음이 편해졌다고 했다. 우울증이 심하니 자주 와야 한다고 3일 약 처방을 했다. 두 번째 진료 때 본 청년은 약에 대한 부작용도 없고 약도 잘 맞아 보였다. 기분도 조금 좋아졌다고 한다. 시간을 들여 상담했다. 취직에 대한 부담감, 엄마, 누나에 대한 미안함 같은 이야기를 했다. 나흘치 약을 처방했다.

청년이 세 번째 방문했다. 기분이 바닥까지 내려가는 건 없어졌고 의욕도 좀 생겼단다. 죽고 싶다는 마음은 아직 남아 있지만 죽기야 하겠냐며 웃는다. 약 효과가 빨리 나타나는 편이다. 다행이다.

또 약을 나흘치 처방하려는데 환자가 2주치 처방을 원한다. 학원도 다니고 공부도 열심히 하겠다면서 병원에 올 시간을 내기가 어렵다고 한다. 청년에게 이제 겨우 좋아지고 있으니 자주 와야 한다고 설명했다. 실제 자살 사고가 있는 우울증은 회복되기 시작할 때 더 주의해야 한다. 청년은 취직 못해서 생긴 병이니 공부를 해야 한다면서 계속 2주치 처방을 해달라고 부탁한다. 공부하겠다는데 말리기도 그래서 열심히 하라는 말과 함께 2주치 약을 처방했다.

　　　　　　　　＊ ＊ ＊

　오후다. 오늘은 외래 진료가 조금 한가했다. 내 방 전화기가 울렸다.
　"원장님, ○○ 씨 어머니가 와서 진료 소견서를 써달라고 하네요."
　○○은 그 청년이다. 그 어머니가 왜? 차트를 보니 청년이 오는 날은 내일이었다. 순간 가슴이 쿵, 내려앉았다. 설마하고 불길한 생각이 스쳤다.
　엄마와 청년의 누나가 같이 들어왔다. 둘의 표정은 심각했다. 엄마가 조용히 말했다.
　"아들이 어제 집에서 죽었어요…. 목을 매고…. 경찰서에서 소견서를 가져오라고 해서요."
　나는 아무 말도 못하고 눈만 껌뻑였다. 그때였다. 갑자기 옆에 있던 누나가 나를 보면서 소리쳤다.
　"어떻게 치료했기에! 어떻게 치료했기에!"
　날카로운 비명이었다. 나는 어쩔 줄 몰랐다. 그 순간,
　찰싹!
　칼날 같은 소리가 진료실에 울렸다. 엄마가 딸의 뺨을 세게 때린 것이다! 순간, 진료실의 모든 것이 멈췄다. 딸은 뺨에 손을

대고 놀란 눈으로 엄마를 쳐다봤다. 엄마는 딸을 노려보면서 단호하게 한마디 했다.

"나가!"

딸은 원망스러운 눈빛으로 나를 쳐다보고는 밖으로 나갔다. 엄마는 입을 굳게 다물고 고개를 돌려 내 눈을 피했다. 나는 아무 말도 할 수 없었다. 고개를 들 수 없었다. 입술을 깨물었다. 소견서 쓰는 손이 덜덜 떨렸다. 엄마의 눈을 못 보고 고개를 숙인 채 소견서만 건넸다. 미안하다는 말 한마디 할 수가 없었다. 엄마도 소견서만 받고 아무 말 없이 나갔다.

참담했다. 눈을 감고 망연자실하게 의자에 파묻혔다. 공부 열심히 하겠다며 웃던 청년의 얼굴이 떠올랐다. 미안하다, 미안하다, 미안하다…. 내가 더 신경 써야 했는데. 방심하지 말았어야 했는데.

누나의 원망하는 눈빛이 오래 남았다. 그리고 그 뺨은 내가 맞았어야 했다.

한 대가 아니라 열 대,

스무 대,

백 대를.

삶, 함께 추는 춤

마음이 무너졌어요

35세 아가씨다. 우울증이 심각해서 일주일에 한 번 상담하고 있다. 두 달이 넘었는데 호전될 기미가 보이지 않는다.

이 환자는 어린이집 선생님을 하다가 스트레스로 퇴직을 고민했다. 마침, 원생이 줄어들어 인원 조정을 할 때 자진 퇴사했다. 그 후에 작은 회사의 사무직 일을 했는데 직장이 불안정했다. 안 되겠다 싶어 좀 늦은 나이지만 딱 3년만 공무원 시험공부에 올인하기로 했다. 결과는 실패였다. 시험 실패 후 두 달 동안 완전 무기력 상태에 빠졌고 집 밖으로 나가지도 않았다. 툭하면 울었다. 더 이상 안 될 것 같아서 스스로 병원을 찾아왔다. 그녀가 힘들게 꺼낸 이야기이다.

"내가 어리석었어요. 아무것도 안 하고 앞만 보고 달렸어요. 할 수 있다는 신념만 갖고요. 돌아보면 무지했어요. 내 삶을 시험에 묶어버렸어요. 올인한다고 남자고 뭐고 다 차단했어요. 그러면 안 되는 거였는데…. 지금 남은 게 없어요."

"살면서 이렇게 최악인 적도 없었어요. 나만 최악인 것 같아요. 남들은 그래도 그럭저럭 사는 것 같은데…. 친구들도 다 잘사는 것 같아요. 나보다 부족하다고 생각했던 친구들도 결혼하고 잘살고 있어요. 저는 금방 나도 잘 될 거라고 생각했어요. 그런데 아니에요. 더 이상 어떻게 할 수 없을 것 같아요."

"남자도 못 사귈 것 같아요. 어떻게 보면 제 인생이 실패잖아요. 실패자, 패배자예요. 이런 마음이 있으니, 사람을 만나는 것도 꺼려져요. 결혼하려면 빨리 만나야 하는데 이런 저를 보듬어 줄 사람이 있을까하는 생각도 들고요. 의지하고 싶은데 자신도 없어요. 어디서 그런 남자를 만나요? 이제 결혼 생각도 멀어졌어요. 그런데 또 평생 혼자 살기는 무섭기도 해요. 이렇게 살다가 죽으면 억울할 것 같아요. 정말 나름대로 열심히 살아왔는데 왜 이렇게 된 건지 모르겠어요."

"앞으로 뭘 해야 할지 모르겠어요. 힘들어요. 더 이상 안 힘들고 싶어요. 이겨 내긴 해야 하는데 에너지가 빠졌어요. 그래도 지면 안 되죠. 자존심이 있지. 이걸로 지면 안 된다고 생각해요.

긍정적으로 생각하려고 하는데 그게 잘 안 돼요. 지금은…, 마음이 완전히 무너졌어요."

이 아가씨는 발목에 돌을 달고 바닷속으로 가라앉는 느낌이라고 했다. 한없이 가라앉는다고. 심한 우울증 상태였다. 마음만 힘든 게 아니라 몸의 에너지도 다 빠져나갔다. 그러니 현실을 최악의 상황으로 보게 된다. 남은 게 없고 앞날도 막막하다. 무척 힘든 시기를 견디고 있다. 회복하려면 좀 더 시간이 필요하다. 그래도 '지면 안 되지. 자존심이 있지.' 하는 말 속에서 희망을 본다.

* * *

마음이 무너졌다는 건 무슨 의미일까? 어떤 상태일까? 몸으로 비교하면 이런 상태와 같다. 교통사고를 크게 당해 양쪽 팔다리가 부러지고 척추까지 손상되어 침대에 누워 꼼짝 못하는 상태다. 마음이 무너진 것은 교통사고로 몸이 무너진 것과 똑같다. 이 아가씨는 마음의 척추가 무너져 움직일 수 없고, 의지라는 두 다리도 부러져 일어설 수 없는 상태인 것이다.

마음의 병을 앓는 분들은 자신의 증상을 이렇게 표현한다.

'가슴이 찢어지고', '온몸이 꽉 막히고', '바위가 누르고', '피가 역류하고', '속이 뒤집히고', '뇌가 타버리고', '가슴에서 피가 흐르고', '내 몸이 갈기갈기 찢기고' 이런 표현이 은유적인 표현만은 아니다. 실제로 마음의 고통이 육체적인 고통보다 더 심각하기 때문이다. 그 고통을 알릴 길이 없으니 이런 표현이 나온다.

마음의 병을 앓고 있는 사람들이 아주 많다. 아니, 아주 아주 아주 많다. 마음이 무너진 사람, 가슴이 찢어진 사람…. 하지만 어디다 이야기하기도 쉽지 않다. 빨리 털고 일어나라는 섣부른 조언이나 시간이 약이라는 상투적인 위로가 싫기 때문이다.

마음이 아픈 사람을 잘 만나 줘야 한다. 그들의 아픔의 실체를 같이 공감해야 한다. 신기한 게 있다. 몸의 고통은 혼자서 겪을 수밖에 없지만 마음의 고통은 나눌 수 있다. 누군가 그의 고통을 알아주고 받아 주면 그 고통이 덜어진다. 몸의 고통은 의사가 치료해 주지만 마음의 고통은 같이 아파해 주는 사람이 치료해 줄 수 있다. 지금 우리 곁에 마음이 아픈 사람이 아주 많다. 마음이 아프다는 것, 그 고통을 함께 해 주는 사람들이 많았으면 좋겠다.

다이빙 선수가 입수 후에 천천히 물속으로 내려간 뒤 바닥 찍고 다시 올라가듯이 이 아가씨도 곧 회복되어 씩씩하게 살아 나갈 것이다.

당신이 하느님이라면

　부산의 한 소극장에서 사이코드라마를 했다. 관객이 삼사십 명 정도 있었다. 50대 중반 여성이 주인공으로 나왔다.
　"주인공으로 나오는데 고민을 많이 했습니다. 내가 이런 데 나와도 되는 것인지. 사람들이 저를 어떻게 생각할지 두렵기도 합니다. 손가락질 하지 않을까 싶어서요. 그래도 용기를 내서 나왔습니다. 그렇지 않으면 제가 살 수 없을 것 같아서요. 저를 너무 욕하지 말아주세요. 제가 아들 하나, 딸 하나 있는데 2년 전에 아들이 하늘나라로 갔습니다."
　여성은 고개를 숙이고 흐느낀다. 이내 울음을 참고 다시 이야기한다.

"제 아들이 스물여덟에 스스로 세상을 떠났습니다. 제 생일 다음 날이에요."

다시 고개를 숙이고 흐느낀다.

"지금도 여전히 아들과 함께 살고 있습니다. 아직 보내지 못한 것 같아요. 제가 나온 이유는 왜 제 아들이 죽었는지 지금도 의문이라서 입니다. 유서 한 장 없이 갔어요. 유서라도 있다면 아들 마음을 이해라도 할 텐데요. 아들에게 못한 말이 너무 많아요. 정말 죄송스럽지만 여기서 아들을 만나고 싶어요. 왜 그렇게 허망하게 나를 떠났는지 물어보고 싶어요. 그리고 엄마가 미안하다고 말하고 싶어요.

제가 자살 유가족 자조 모임에 다니고 있어요. 거기 상담사 선생님이 여기를 소개해 주셔서 같이 왔어요. 연극이지만 한 번은 아들을 만나보는 게 필요하다고 해서요. 그래서 정말 용기를 내서 나왔어요. 여러분이 이해해 주세요."

아들은 직장 다니다가 마음에 안 든다며 그만두고 새로운 직장을 알아보고 있었다. 6개월 정도 쉬면서 도서관 간다고 왔다 갔다 했다. 힘들다는 이야기는 없었다. 부모는 아들이 알아서 하겠지 하고 별 이야기도 하지 않았다. 아침에 엄마가 출근하는데 예전과 달리 아들이 사랑한다면서 엄마를 안았다. "너 안 하던 짓 하네." 하면서 엄마는 출근했다. 그날 밤 아들은 집에 안 들어오고 연락도 끊겼다. 다음날 경찰에서 연락이 왔다. 한강 변에서 발견되었다고. 유서는 없었다.

아들을 잃은 슬픔이 얼마나 클지는 상상할 수 없다. 그것도 스스로 생을 마감한 아들에 대한 심정이라면 어찌 헤아릴 수 있을까. 참담한 엄마의 마음을 공개적으로 드러내려면 엄청난 용기가 필요하다. 심리극에서라도 아들을 만나고 싶은 간절한 마음 때문에 나왔을 것이다. 아들에게 못 들은 말을 여기서라도 듣고 싶고, 아들에게 못 다한 말을 여기서라도 하고 싶어서다. 그나마 유가족 자조 모임에라도 나가시니 이런 애도의 마음을 표현하려는 용기가 있으셨다.

* * *

"네. 아주 힘든 이야기를 해 주셨습니다. 감사합니다. 관객 여러분이 한마음이 되어 도와주시리라 믿습니다. 관객 중에서 아들 역할을 뽑아 주시겠어요?"

아들 대역이 필요하다. 주인공이 아들 역할을 해 주었으면 하는 분을 뽑아서 도움을 청해야 한다. 그런데 문제가 있다. 그 대역을 누가 해줄 수 있을까. 떠난 아들과 비슷한 느낌이어야 하고, 뽑힌 분도 그 힘든 역할을 잘 해내야 한다. 게다가 주인공이 그 대역을 아들처럼 생각하고 몰입할 수 있어야 한다. 진짜 아들이 아니라는 마음이 든다면 드라마가 진행되기 어렵고, 잘못하면 이것도 저것도 아닌 채 큰 상처만 준다.

주인공이 객석 중간에 앉은 청년에게 아들 대역을 부탁했다.

"키랑 잘생긴 게 아들이랑 비슷하네요."

주인공이 멋쩍은 듯이 웃었다. 나는 청년에게 물었다.

"해 주실 수 있나요?"

청년이 머뭇거리지 않고 대답했다.

"네. 어떻게 하는 건지 모르지만 한 번 해 보겠습니다."

그렇게 드라마는 시작되었다.

* * *

첫 장면, 엄마 생일날. 아들이 사 온 케이크에 촛불을 켜고 아들이 환하게 웃으면서 생일 축하 노래를 부른다. 엄마가 촛불을 끈다. "엄마, 사랑해." 하고 아들이 엄마를 안아 준다. 그 장면을 재연하는 순간, 엄마가 아들 품에서 울음을 터뜨린다. 그리고 바닥으로 쓰러진다.

"어쩌면 그럴 수 있니? 아무렇지도 않게 엄마 생일 축하해 주고 어떻게 이튿날 떠날 수 있니? 어쩌면 그렇게 연기할 수 있니? 엄마는 그날만 생각하면 너를 용서할 수가 없어. 아니 나를 용서할 수가 없어. 아들이 그렇게 고통 속에 있었을 텐데…. 내 생일 축하해 주면서 세상을 떠날 생각을 했을 텐데 그걸 전혀 모르고 좋다고 헤헤거렸으니…. 지난 2년, 내 생일이 지옥이었어. 그날만 생각하면…. 네가 이 엄마한테 어떻게 그럴 수가 있니? 네가 용서가 안 돼. 생일만 오면 나는 더 미쳐버린다고. 너 이 엄마한테 왜 그랬니?"

엄마는 엉엉 울었다. 사이코드라마에서는 상대 마음을 알기 위해서 역할교대를 한다. 주인공인 엄마가 아들 역할을 해 보면서 아들 마음이 어땠는지 느껴 봐야 한다. 하지만 살아있는 엄마가 죽은 아들 역할을 하기란 참혹한 고통일 것이다. 그런 상황에서 역할을 교대해 봤자 아들의 마음을 느끼기도 어렵다. 아들 대역이 알아서 아들 마음을 표현할 수밖에 없다. 그런데 이 청년도 사이코드라마는 처음인데 아들 마음을 잘 이야기할 수 있을까? 잘못하면 주인공에게 상처를 줄 수도 있는데. 어쩔 수 없다. 청년을 믿어 보자.

"아들, 왜 그랬는지 엄마에게 이야기해 줄 수 있나요?"

아들 대역 청년이 내게 작은 소리로 물어 본다.

"제가 하고 싶은 이야기를 하면 되나요?"

"네. 그러면 돼요. 아들이라고 생각하고, 하고 싶은 이야기를 하면 돼요."

아들이 쓰러져서 울고 있는 엄마에게 간다. 엄마 손을 잡고 말한다.

"엄마 미안해. 정말 미안해. 엄마가 이렇게 괴로워할 줄 몰랐어. 난 그냥 엄마 생일을 축하해 주고 떠나고 싶었어. 그게 엄마에 대한 마지막 효도라고 생각했어. 내가 떠나도 엄마가 생일날의 즐거운 기억을 떠올리기를 바란 거야. 환하게 웃고 즐거웠던 그 날을 기억하라고. 내가 엄마한테 해줄 게 그것밖에 없다고 생각했어. 엄마, 정말 미안해. 엄마가 그 일로 이렇게 괴로워할 줄은 생각하지 못했어. 정말 미안해. 엄마가 그날의 좋은 추억으로 날 기억하길 바라서 그런 거야. 엄마와 내가 환하게 웃는 그날을 기억하라고."

엄마가 아들을 끌어안고 운다.

"아니야…. 아니야…. 어떻게 그럴 수 있니? 너는 내게 견딜 수 없는 고통을 준 거야. 네가 살아있어야 효도지. 어떻게 그럴 수 있니?"

"엄마, 미안해. 정말 미안해."

"아냐, 아냐 네가 미안할 게 아니지. 엄마가 미안하지. 네가 그렇게 힘들었는데 엄마가 알지도 못하고. 나는 엄마도 아니지. 자기 아들이 고통 속에서 살고 있는 줄도 모르고…. 엄마가 몰라서 정말 미안해. 그날 아침에 엄마가 눈치를 챘어야 하는데 그때 잘 지내고 있냐고, 뭔 고민 없냐고 한마디만 물어봤어도 됐을 텐데….”

엄마는 또 바닥에 쓰러져 오열했다. 엄마는 저 뱃속에서 나오는 후회와 고통을 쏟아냈다. 꺼이꺼이, 엉엉…. 살면서 들어보지 못한 울음과 한탄과 절규와 비명이었다. 사랑하는 아들, 귀여운 아들, 속 안 썩이고 잘 해 온 아들이 어떻게 말도 없이 갈 수가 있을까. 아무리 이해하려고 해도 이해할 수 없다.

아들이 울면서 말한다.

“엄마, 난 우울증이 있었나 봐. 그런데 나도 몰랐어. 그냥 사는 게 의미가 없고 이런 세상에서 허우적대고 사는 게 별로였어. 왜 살아야지 하는 생각에 빠졌고 바둥거리고 사는 게 힘들었어. 엄마 아빠가 슬퍼하겠지만 못난 자식이 없어지니 얼마 지나지 않아서 괜찮을 거라고 생각했어. 엄마가 이렇게 힘들어할 줄 몰랐어. 괜히 유서를 쓰면 평생 엄마 마음에 남을 것 같아서 유서도 안 썼어.”

아들 역을 맡은 청년이 아들이 빙의된 것처럼 잘해 주었고 주인공도 진짜 아들을 만나듯이 몰입했다. 정말 다행이다. 엄마와 아들이 안고서 이야기를 주고받는다.

"그래, 그래, 우울증이 있다면 우울증이 있다고 엄마한테 말했어야지."

"엄마 알잖아. 내가 엄마 걱정 안 끼치려고 하는 거."

"그래서 엄마를 떠났니? 이게 제일 걱정을 주는 거지!"

"엄마 미안해. 정말 미안해."

"네가 왜 미안해? 엄마가 미안하지, 엄마가. 미안하다 아들아. 미안해."

엄마가 아들을 끌어안고 울었다. 아들도 눈물을 뚝뚝 흘렸다.

주인공은 아들에게 하고 싶은 말을 다 했다. 아들에 대한 원망, 아들에 대한 미움, 아들에 대한 그리움. 그리고 엄마의 미안함과 죄책감을 다 이야기했다,

주인공은 어느 정도 안정이 되었다. 바닥에 앉아서 주인공은 아들을 품에 꼭 안고 있었다. 이제 드라마를 마무리 할 시간이다. 대개 애도 드라마는 고인을 떠나보내는 장면으로 마무리한다. 고인을 마음속에서 보내줘야 하기 때문이다. 2년이 지나도 붙잡고 있는 아들을 이제 마음에서 천천히 보내기 시작해야 한다. 그래야 남은 자도 살아갈 수 있으니까.

"어머니, 이제 아들을 하늘나라로 보내야 합니다. 아들에게 작별 인사를 하고 하늘나라로 보낼게요."

그때였다. 주인공이 휙 고개를 돌려 나를 보면서 "안 돼요! 절대 안 돼요!" 하고 외쳤다. 그 눈빛에 놀랐다. 불안과 두려움, 그리고 누구라도 내 아이를 데려가면 가만 안 두겠다는 살기까지 느껴졌다. 나는 잠시 멍해졌다. 이 정도까지 아들을 붙잡고 있는 줄 몰랐다. 그냥 이 상태에서 마무리하면 안 된다. 아들을 이렇게 꽉 붙잡고 있는 상태로 드라마를 끝내면 안 된다. 평생 마음에 붙들고 있겠지만 그래도 조금이라도 놓아주기 시작해야 엄마가 살 수 있다. 다시 권유했다.

"어머니 연극이잖아요. 여기서라도 한 번은 놓아 주셔야 해요. 그래야 아들도 편안하게 갈 수 있어요."

그녀는 애원하듯 말했다.

"안 돼요…. 안 돼요…. 보낼 수 없어요…."

주인공은 아들을 누가 데려갈까 더 꽉 부둥켜안았다. 어떻게 할 수가 없었다. 별수 없다. 기다리자. 그녀는 아들을 껴안고 "안 돼, 안 돼…."를 중얼거리다가 조용히 울기 시작했다. 객석에서도 흑흑 우는 소리가 들렸다.

시간이 지났다. 주인공이 안정되었는지 고개를 돌려 나를 쳐다봤다. 여전히 불안한 눈빛으로 내게 물었다.

"선생님 제가 정말 걱정되는 게 있어요. 우리 아들은 천국에 갈 수 있을까요? 사실은 제가 하나님을 믿는데 자살하면 지옥으로 떨어진다고 그래요. 정말 그러나요? 우리 아들, 지옥으로 떨어지나요?"

아! 이것이었다. 아들을 부둥켜안고 보내지 못하는 이유가. 내 아들이 혹시 지옥에라도 가면 어쩔까, 해서 안타깝게 붙잡은 것이다. 주인공은 기독교인이고 그 교리 속에서 살아온 분이다. 내가 어떻게 "당신 아들은 천국에 갈 수 있습니다. 지옥에 안 갑니다." 하고 말할 수 있겠는가? 혹 그렇게 답한다고 해도 이 엄마가 내 말을 믿고 마음이 편해질 수 있을까? 드라마가 끝나고 나면 그저 위로의 립 서비스로 생각할 것이다. 그리고 내 아들이 지옥 가지 않을까 하는 두려움 속에 살 것이다.

주인공은 나를 보며 애원했다.

"그 애는 천국에 가야 되는 아이예요. 착하고 남한테 해 한 번 안 준 아이예요. 불쌍한 사람 보면 도우려고 애쓴 아이예요. 순수하고 착해요. 걔는 천국에 가야 될 아이예요. 천국에 갈 수 있나요? 사람들이 그래요. 지옥으로 떨어진다고요, 지옥으로요. 안 돼요. 그러면 안 돼요. 이 엄마가, 이 엄마가 품어 주지 못한 아들인데요. 제가 못 품었는데 하나님은 품어 주셔야죠. 제 아들을 하나님이 품어 주셔야죠. 선생님, 우리 아들은 천국으로 갈 수 있을까요? 걔는 천국에 가야 되는 아인데요. 그래서 제가 못 보내고 있어요. 그래서 제가 아직도 붙잡고 있어요."

엄마는 엉엉 울었다. 객석에서 여기저기 울음소리가 들렸다.
아, 어쩔 것인가! 마음속으로 물었다.
'아! 하느님 당신은 정말 어찌시렵니까? 당신은 이 아들을 어쩌시렵니까?'
여기서 내가 어쭙잖은 위로의 답을 줄 수도 없다. 어쩔 수 없다. 드라마는 드라마니까. 관객에게 맡기자.
"관객 여러분이 하나님이 돼주세요. 이 엄마의 기도를 들어봐주세요. 우리 모두 하나님의 자녀라고 하잖아요. 우리 마음속에 하나님이 들어있다고 그러잖아요. 그러니 여러분이 하나님의 마음으로 들어주세요. 이 엄마의 기도를 듣고서 여러분들이 하나님이 되셔서 여러분들이 결정해 주세요. 하나님이신 여러분들이 선택해 주세요."
주인공이 관객에게, 아니 하나님에게 울면서 기도한다.
"우리 아들 정말 착하게 산 아이랍니다. 하나님도 아시잖아요. 대신 저를 지옥으로 보내주세요. 하나님 간절히 기도드립니다. 죄 많은 엄마의 마지막 소원입니다. 제발 제 아이를 하나님이 받아 주세요. 제발 하나님이 제 아들을 받아주세요. 제발 제발 부탁드립니다…."
그리고 꺼이꺼이 운다. 정말 꺼이꺼이…. 어찌 이런 눈물이, 이런 슬픔이, 이런 소리가 나올 수 있을까.

객석 여기저기서 흐느끼는 소리가 들린다. 그때 객석에서 한 여자분이 무대로 내려왔다. 주인공을 안고 눈물을 흘리면서 말한다.

"당신 아들은 하느님이 품어 주실 겁니다. 걱정 마세요. 하나님이 품어 주실 겁니다."

그리고 객석에서 또 한 분이 나온다. 엄마를 안아 주면서 이야기 한다.

"걱정 말아요. 아드님은 지금 하나님 품에 있어요. 정말이에요. 안심하세요."

엄마가 희망의 눈빛으로 묻는다.

"정말요?"

"네. 정말입니다. 아드님 착하시잖아요. 하나님이 다 알아요. 지금 하나님 품 안에 있으니 걱정 마세요."

"고마워요. 고맙습니다. 정말 고맙습니다."

둘이 부둥켜 안고 운다.

관객이 또 나오고, 또 한 분이 나오고, 또 다른 분이 나오고, 또 나오고, 또 나오고, 또 나오고…. 많은 관객이 나와 주인공을 안아 주었다. 주인공은 안도와 고마움의 눈물을 흘렸다.

"고마워요. 고마워요. 여러분 고맙습니다. 정말 고마워요."

* * *

이제 드라마를 마무리 할 시간이다. 엄마에게 아들을 보낼 수 있겠냐고 물었다.

"네. 이제 하나님 품으로 보낼 수 있을 것 같아요. 하나님도 내 아들을 품어 주실 겁니다."

마지막 장면을 연출했다. 무대로 나와 주신 관객들에게 천사 역할을 맡아달라고 부탁했고 객석을 천국으로 설정했다. 천사들이 엄마와 아들을 호위하고 천국 문 앞으로 데리고 갔다. 엄마가 아들을 안고 눈물을 흘린다.

"아들 미안해. 엄마도 열심히 살다가 갈게. 그때 만나자. 하나님이 널 안아 주실 거야. 엄마가 못 다한 사랑 하나님이 주실 거야. 하나님 품안에서 편히 쉬어라. 가끔 좋은 모습으로 꿈에도 나타나주고. 알았지? 잘 가. 잘 가…."

아들도 대답했다.

"엄마, 고마워 그리고 미안해. 엄마가 기도 잘 해줘서 하나님이 나 봐주신대. 나 하나님 품안에서 편안하게 지낼 거야. 엄마 나 걱정 하지마. 엄마도 잘 살아야 나도 하늘에서 걱정 안 하지. 엄마 안녕. 좋은 모습으로 엄마 꿈에 놀러갈게…."

천사들이 주인공을 천국이 된 객석으로 데리고 들어간다. 관객들이 괜찮다, 고생했다, 편안하게 쉬라면서 아들을 맞아 주었다. 엄마는 그 장면을 마음 편하다는 듯 보고 있었다. 그렇게 드라마는 끝났다.

* * *

드라마가 끝나고 관객들과 이야기를 나누었다. 아들 역할을 한 청년이 말했다.
"우선 주인공께 정말 감사드립니다. 오늘 제가 여기 온 것이 정말 운명인 것 같습니다. 제 어머니가 여기를 꼭 가보라고 신신당부해서 마지못해 왔습니다. 주인공께 죄송한 말씀이지만 제가 주인공님 아들과 똑같습니다. 제가 사실 죽을 결심을 하고 있었습니다. 몇 달 전에 자살 시도도 한 번 했었고요. 그때는 정신과 약을 많이 먹었는데 죽지는 않았죠. 저도 죽는 게 겁이 났는지 심한 자살 시도는 못했습니다.
엄마가 엄청 놀랐죠. 정신과 치료도 받으라고 하고 우울증 약도 먹었습니다. 그래도 언젠가 죽어야지 하는 생각을 계속하고 있었습니다. 그런데 오늘 주인공이 저렇게 서럽게, 아니 말로 표현할 수 없을 정도의 슬픔 속에서 오열하실 때, 그때 충격이었습니다. 내가 죽어도 우리 엄마가 저렇게 비통하게 우시겠구나….

(울음이 터져서 흐느껴 운다….) 저는 몰랐습니다. 제가 죽어서 슬퍼하시겠지만 그 정도로 비통해 할 줄 몰랐습니다. 물론 슬퍼하시겠지만, 시간 지나면 못난 자식 보는 것 보다 차라리 없는 게 편하다 할 줄 알았습니다."

울음을 못 참고 엉엉 운다. 어쩌면 그동안 어둠 속에 있었던 자신에 대한 울음이 아닐까…. 청년은 진정하고 말을 이었다.

"제가 아들 역할 하면서 아들 마음도 느껴졌어요. 제 마음과 같았어요. 죄송한 말씀이지만 어머님과 아드님이 저를 살렸습니다. 죄송합니다. 저는 아들 역할을 하면서 결심했어요. 나는 절대 내 손으로 죽지 않을 거라고요. 다짐하고 다짐했어요. 강하게 느꼈어요. 내 생명은 나만의 것이 아니라고요. 내 생명은 우리 가족의 생명과 묶여 있다는 것을요. 정말 감사합니다. 그리고 죄송합니다."

주인공이 눈물을 주르륵 흘린다. 그리고 혼잣말처럼 중얼거린다.

"살아야지…. 살아야지…. "

주인공이 객석으로 가서 청년을 안아 준다.

"살아야 해요. 무슨 일이 있어도 살아야 해요. 나하고 약속해요. 그리고 여기 관객들에게도 약속해요. 끝까지 살겠다고요. 절대 죽지 않겠다고요."

청년이 일어서서 관객에게 말한다.

"저, 절대 죽지 않을 겁니다. 약속드립니다. 저 끝까지 살아남겠습니다. 다시 시작하겠습니다."

다음으로, 무대로 나와 주인공을 안아 주었던 여성 관객이 나누기를 했다.

"저도 주인공께 감사드려요. 솔직히 말씀드릴게요. 저도 기독교인입니다. 저는 외람된 말씀이지만 자살한 사람은 지옥 간다는 말을 아무 생각 없이 받아들였어요. 고민도 안 해 보고요. 그런데 오늘 그 생각이 바뀌었습니다. 제가 주인공의 기도를 들었잖아요. 정말 하나님이라면 어떤 마음일까 하고 느껴 봤어요. (눈물을 흘린다) 그런데 그냥 알았어요. 하나님은 아들을 품어 줄 것이라고요. 하나님이 고생했다고 안아 주실 거라고요. 뭐, 왜 그랬냐고 야단은 조금 치시겠지만요. 우리 마음이 다 그랬을 거예요. 그게 하나님 마음이라고 그냥 알았어요.

감사해요. 저도 마음이 편해졌어요. 제 마음에 사랑하는 마음이 막 올라왔어요. 이게 약하고 약한 우리 인간을 생각하는 하나님 마음이구나 하고 알았어요. 감사해요."

* * *

드라마가 끝나고 난 뒤에 주인공과 따로 이야기를 나누었다. 주인공은 심리극 하는 동안 무척 힘들었지만, 관객들이 이해하고 공감해 주는 것 같아 마음이 편했다고 한다. 아들의 마음도 더 알게 되었고 하나님이 아들을 품어 주실 거라는 마음이 들었다며 고마워했다. 그녀는 앞으로 자살 유가족 모임을 계속하면서 다른 생명을 살리는 일을 하고 싶다는 소망을 이야기했다.

자살 유가족은 가족의 자살을 다른 사람에게 이야기하지 않는다. 고통을 드러내는 게 힘들기도 하지만 이야기를 꺼낸 뒤에 상대가 보일 반응도 두렵기 때문이다. 더구나 아들을 잃은 엄마의 참담한 모습을 공개적으로 보여 준다는 건 엄청난 용기와 더불어 인간에 대한 깊은 신뢰가 있어야 한다. 그녀가 고통의 마음을 용기 내어 보여 주었기에 또 다른 생명을 살리고, 우리에게 생명의 힘을 다시 느끼게 해 주었다. 생명은 서로 연결되어 있다.

우리 엄마는 그때 왜 그랬을까

나는 의학과 1학년 2학기 때 휴학했다. 그러니까 일반 대학교로 보면 3학년 때다. 나는 원래 문과 스타일인데 어찌어찌 해서 의대로 가게 되었다. 의학과 1학년에 올라와 한 학기를 다니고 나니 고민이 심해졌다. 약리학, 생리학, 미생물학을 배우는데 무슨 소린지 이해가 안됐다. 시험도 무작정 외우고 겨우 통과했다. 2학년부터는 생물, 유기화학, 생화학 등을 공부해야 한다. 또 의대는 고등학교처럼 아침 9시부터 5시까지 같은 교실에서 같은 학생들과 빡빡하게 공부해야 했다. 그것도 싫었다.

너무 적성에 안 맞아 자퇴를 심각하게 고민했지만 우선 휴학을 하기로 했다.

휴학하고 나서 전국을 무전여행 하듯이 돌아다녔고, 집에 돌아오면 친구들도 안 만나고 혼자 도서관에 파묻혀서 온갖 잡다한 책을 읽었다. 혼자 고립되어 생활했고 왜 사는지와 같은 관념적인 고민 속에 헤맸다. 돌아보면 실존적 방황의 시기였었고, 약간의 우울증도 있었던 것 같다.

그 방황하던 어느 늦은 가을날이었다. 회색빛 하늘에 첫눈이라도 올 듯한 날씨였다. 기분도 싱숭생숭해서 오후 3시쯤 도서관을 나와 집으로 향했다. 음울한 날씨 탓인지 울적한 마음이 들었다. 집으로 가는 길목에 작은 술집이 있었다. 언제 한 번 들어가야지 했었는데 그날 들어갔다. 꼼장어 안주 시켜놓고 혼자 낮술을 마셨다. 소주 한잔에 꼼장어 한 점, 그리고 실존적인 질문 하나. 왜 사나? 어차피 죽을 인생, 왜 인간은 이 무의미한 인생을 쓸데없는 노력을 하면서 살까….

약간 취한 눈으로 술집 주인 아저씨를 봤다. 손님은 나 혼자뿐이고 텅 빈 가게에서 TV를 보고 있는 저 아저씨. 저 아저씨는 왜 살까? 무슨 의미가 있을까…. 무슨 낙으로 살까? 그러면서 두 병째 소주를 텄다. 생각이 쳇바퀴를 돈다. 다시 입시 공부를 해야 하나, 학교로 돌아가야 하나? 막노동을 하면서 사는 거나 의사로 사는 거나 인생이 뭔 차이가 있나….

술은 들어가고 정신은 알딸딸하고 인생도 무의미하고 갑자기 세상에 나 혼자 내동댕이쳐진 느낌이 들었다. 이상하게 눈물이 났다. 훌쩍훌쩍 울었다. 주인아저씨가 힐끗 보더니 TV로 다시 눈을 돌린다. 이 세상에 나 혼자였다. 아무도 없고 아무 낙도 없고 아무 의미도 없다. 모든 게 허무했다. 그리고 살아 가는 게 두려워졌다.

안 되겠다 집에 가자. 약간 취한 채 술집을 나왔다. 밖은 회색 하늘에 어스름한 저녁 기운이 덮여 더욱 음산했다. 골목 끝에 있는 집을 향해 비틀비틀 걸었다. 집 문 앞에서 초인종을 눌렀다. 집 안에서 엄마 목소리가 들린다.

"우상이니?"

엄마가 문을 열면서 반긴다.

"왔니?"

집에 들어섰다. 엄마 얼굴을 보니 갑자기 설움이 복받쳤다. 현관 앞에서 엄마를 안고 울었다. 꺼이꺼이 울었다.

"엄마, 왜 날 낳았어. 왜 날 낳았어!"

방황하는 아들의 허망한 넋두리였다. 엄마는 눈물을 글썽이며 나를 안고 "미안하다, 미안하다." 하면서 등을 쓸어 주었다. 난 그 와중에도 속으로 생각했다. '왜 엄마가 미안해. 엄마가 미안해 할 필요 없어.' 한참 울고 나니 마음이 조금 편해졌다. 엄마 품에서 나와 눈물을 닦고 말했다.

"엄마. 들어가자."

엄마도 눈물을 닦았다.

"그래 들어가서 밥 먹자."

"나. 밥 안 먹어도 돼."

"그래. 알았다."

엄마랑 나는 아무 일 없었다는 듯이 집 안으로 들어갔다.

* * *

여기까지가 그 가을날의 기억이다. 확실한 건 그날도, 그다음에도 엄마는 내게 왜 울었는지 묻지 않았다. 휴학하고 방황하던 아들이 집에 들어와서 갑자기 엄마 품에 안겨 엉엉 울었을 때, 술 냄새 풍기면서 엉엉 울었을 때 "너 술 먹었구나, 취했냐?" 하면서 어이없어 하지 않았고, 뭐라 한 소리 하지도 않았다. 걱정스럽게 묻지도 않았다. 그저 내 자식이 아파하는 모습에 마음으로 안아 주었다.

보통 엄마들은 물어 봤을 거다. 무슨 일이 있는지, 왜 우는지 말이다. 그런데 그날 우리 엄마는 묻지 않았다. 아들의 실존적 방황을 아셨을까? 네 인생이니 스스로 풀어나갈 것이라고 생각한 대인배 엄마였을까, 아니면 술 취해서 그랬으려니 생각했을까. 이유는 알 수 없지만 나는 엄마가 이유를 묻지 않아서 좋았다. 이유를 물었다 해도 그 감정을 어떻게 설명했을까. 엄마가 왜 우냐고 물었다면 '그냥'이라고 답할 수밖에 없었을 거다. 이유를 묻지 않고 그저 안아 주었기에 엄마와의 이 장면이 오래 기억에 남는 것 같다. 나는 늘 나를 믿고 자유롭게 놔 두었던 그런 엄마가 좋았다. 그 이후 난 조금씩 안정을 찾았고 우여곡절 끝에 다시 학교로 돌아갔다.

언젠가 내 나이 오십이 넘었을 때, 엄마에게 이 옛날 일을 기억하는지 물었다.

"그런 일이 있었니? 그 오래된 일을 어떻게 기억하겠니? 그런데 우는 이유를 왜 안 물었을까? 나도 참 이상한 엄마네."

모든 엄마는 다 엄마 나름의 색깔이 있다. 아이도 아이만의 색깔이 있다. 엄마는 엄마의 색으로, 아이는 아이의 색으로 만난다. 그 다른 색이 서로 물들어 가는 것이 삶이다. 어떻게 물들어 갈지 알 수 없다. 우리가 손 댈 수 없으며 우리의 손에서 멀리 벗어나 있다. 삶이 그렇다.

한 편으로 이런 생각도 해 본다. 나는 내게 꼬치꼬치 묻지 않았던 엄마가 편하고 좋았다. 그런데 만약, 정말 만약, 내가 그때 우울감으로 스스로 세상을 떠났다면 엄마는 아들이 왜 우는지 묻지 않은 것이 천추의 한으로 남았을 것이다. 아들이 우는 데 묻지도 않은 년이라고, 물어 보기만 했어도 아들은 죽지 않았을 것이라고 하면서 모든 죗값을 엄마가 받았을 것이다. 그러면서 자기를 죽이고 또 죽였을 것이다.

참, 알 수 없는 세상이다. 이러지도, 저러지도 못하는 세상이다. 인간의 뜻으로 어떻게 할 수가 없다. 우연인지 필연인지, 운명인지 해프닝인지 모르겠다. 정말 알 수가 없다. 어떤 해프닝이 어떤 운명의 모습으로 나타날지 우리는 모른다. 아무도 모른다.

가짜 엄마, 진짜 엄마

우리 병원에 아주 착한 여자 환자가 한 명 있다. 순진 씨다. 조현병으로 입원하신 분으로 30대 중반의 미혼이다. 환청이 심하고 동네를 돌아다니며 이상한 행동을 해서 입원했다. 지금은 환청은 거의 없어졌는데 독특한 망상이 새로 생겼다. 바로 옆 침대의 환자를 자기 엄마라고 믿고 있다. 아니, 그냥 옆 환자가 자기 엄마다. 사실 순진 씨 엄마는 순진 씨가 중학교 때 암으로 돌아가셨다.

엄마 대접받는 옆 침대의 갑례 씨는 50대 중반으로 역시 미혼이다. 약간의 환청만 있을 뿐 안정적인 상태지만 자기는 태어나지 않는 것이 더 행복했을 거라고 늘 투덜대는 분이다. 그런데 요새는 갑자기 생긴 딸 때문에 호강하고 행복하다.

　순진 씨는 가짜 엄마의 머리도 빗겨주고, 씻겨 주고, 밥도 같이 먹고, 좋은 반찬 있으면 엄마 주고, 손잡고 산책도 가고, 몸 아프면 돌봐주고, 엄마 심부름 다 한다. 지극 정성의 효녀다. 문제는 가짜 엄마 갑례 씨가 자기가 진짜 엄마가 아니라고 진실을 밝히지 않는다는 것이다. 그냥 시치미 떼고 엄마 대접 받고 있다. 딸에게 뭐 갖고 오라고 하면 갖고 오지, 맛있는 거 주지, 머리 빗겨주지, 씻겨 주지, 돌봐주지…. 엄마가 아니라고 할 이유가 없는 것이다. 예전에 갑례 씨는 이런 말을 자주 했었다.

　"세상 사람들이 나를 불행하게 만드는 것 같아요. 사람들은 기도할 때 '세상에 태어나게 해 주셔서 감사합니다' 하고 기도하지만 저는 '세상에 태어나게 해 주셔서 일 원어치도 안 감사합니다' 하고 기도해요."

　그랬던 갑례 씨가 딸이 생기고 나서부터는 그런 말을 하지 않는다.

　순진 씨는 어떻게 이런 신기한 망상에 걸렸을까? 징징대고 말썽만 피우던 막내딸이 한 번도 못 해 본 효도를 하려는 건가? 무의식적인 그리움이나 미안함이 효녀 증상으로 나타났을까? 아무리 그래도 그렇지 생판 처음 본 사람을 어떻게 엄마라고 할 수 있을까?

이 망상을 어찌 할 것인가. 그런데 이런 생각도 해 본다. 순진 씨는 두 번 다시 볼 수 없는 엄마랑 오순도순 살고 있고, 갑례 씨는 평생 엄마가 될 수 없는데 엄마 소리 들으면서 효도 받고 살고 있다. 둘 다 행복한데, 이걸 굳이 깨야 할까? 모르고 사는 게 행복하다면 굳이 알 필요가 있을까? 진실이 우리 인간에게 도움이 안 된다면 눈감는 것도 좋은 거 아닐까?

* * *

아침 회진 돌 때다. 오늘은 한 침대에 둘이 나란히 앉아 있다. 오늘은 작심하고 갑례 씨에게 말했다.

"갑례 씨, 진짜 엄마 아니잖아요. 진짜 엄마 아니라고 이야기해요."

그래도 갑례 씨는 자기가 진짜 엄마가 아니라고 절대 말 안 한다. 그저 헤헤 웃기만 한다.

"진짜 엄마가 아니라고 말하시라고요."

그래도 헤헤 웃기만 하고 말 안 한다.

옆에 앉아 있던 순진 씨가 화낸다.

"원장님은 왜 엄마를 가짜 엄마라고 해요!"

"순진 씨, 갑례 씨는 엄마 아니에요. 정신 차려요. 내가 정신과 30년 했지만 순진 씨 같은 환자는 처음 보네."

"저도 원장님 같은 사람 처음 봐요. 왜 자꾸 가짜 엄마라고 해요? 그럼 나도 원장님보고 가짜 원장님이라고 할 거예요."

정신과 의사가 이런 말도 안 되는 망상을 그대로 놔둘 수는 없다. 순진 씨 언니에게 엄마 사진을 갖고 오라고 부탁했다. 사진 대조를 시켜 볼 생각이다. 사실 망상 환자에게 현실의 팩트를 들이대는 것은 좋은 치료법은 아니다. 환자는 자기 세계관이 공격받으니 더욱 강하게 망상을 지키려 하기 때문이다. 그래도 사진은 너무나 명백한 증거니까 가짜 엄마얼굴과 대조하면 순진 씨도 한순간에 정신을 차릴 수도 있을 것이다. 진짜 엄마 사진을 받았다. 역시 가짜 엄마와 전혀 닮은 데가 없다. 순진 씨를 불러 사진을 대조시켰다.

"봐요, 엄마 얼굴 아니잖아요."

그래봤자 역시 순진 씨였다.

"엄마 얼굴 닮았잖아요. 엄마 맞아요. 원장님 또 왜 그래요?"

세상에나. 이 사진을 보고도 엄마라네. 마음이 문제일까, 뇌가 문제일까. 팩트를 들이대면 좋을 게 없지만 갈 데까지 가 보자.

"아니, 어디가 닮았어요? 어디가요?"

순진 씨도 세게 나온다.

"똑같잖아요. 원장님이 이상해요."
"순진 씨! 엄마 돌아가셨잖아요? 그죠? 그건 알고 있죠?"
"네."
"거 봐요. 돌아가신 엄마가 어떻게 와요?"
"엄마는 부활하셨죠. 예수님도 부활하셨잖아요. 우리도 부활한다고 하잖아요. 엄마가 나를 위해서 부활하신 거잖아요."
"아니, 예수님이니까 부활하지! 어떻게 엄마가 부활해요?"
"왜 부활 못 해요? 예수님도 부활하셨는데!"

아이고, 모르겠다. 그래, 진짜 엄마든 가짜 엄마든 그게 뭐 대수냐? 자기가 엄마라고 하면 엄마지. 그래 차라리 엄마가 있다고 생각하고 사는 게 더 행복하지. 그래 네 마음대로 생각해라. 나도 모르겠다.

* * *

코로나바이러스로 병원이 초비상 상태였다. 지방의 어느 정신병원에서 코로나바이러스로 인해 50여 명의 사망자가 나왔다. 정신병원은 폐쇄된 공간이라 한 명이라도 확진되면 위험한 상황이 된다. 병원은 비상경계 상태로 들어갔고 감염 예방을 위해 총력을 다했다. 그래도 소용없었다. 코로나바이러스 확진자가 발생했고 병원은 혼란에 빠졌다. 방역 지침 상 정신병원에 확진자가 발생하면 감염병 격리 정신병원으로 긴급 이송하게 되어 있었다.

가짜 엄마 갑례 씨도 코로나 감염 확진자가 되었다. 급히 인천에 있는 코로나 감염병 격리 정신병원으로 이송해야 했다. 아침 일찍 출발해야 했다. 구급차를 준비시키고 환자들을 탑승시켰다. 그런데 문제가 생겼다. 순진 씨가 자기도 엄마랑 같이 가겠다고 난리 친다. 엄마가 병에 걸려서 죽을지 모르는데 자기도 따라가야 한다는 것이다. 순진 씨가 고집 피우니 갑례 씨도 불안했는지 안 가겠다고 한다. 안 갈 수 없는 상황이다. 무조건 가야한다. 안 가겠다면 강제로 끌고 가야 한다. 그렇다고 저항하는 환자를 강제로 끌고 가기도 어렵다. 내가 설득했다.

"순진 씨, 갑례 씨가 코로나 걸려서 전문 치료 병원으로 가야 해요. 안 그러면 갑례 씨가 죽을 수도 있어요."

"그러니까 내가 같이 간다는 거잖아요. 엄마, 또 죽으면 안 돼요. 내가 돌봐 줘야 돼요."

나도 흥분했다.

"뭘 또 죽어요! 순진 씨! 갑례 씨 진짜 엄마 아니잖아요. 갑례 씨는 가짜 엄마잖아요."

"왜 그런 말을 해요. 우리 엄만데 왜 아니라고 해요! 나도 같이 갈 거예요. 나도 금방 코로나 걸릴 거잖아요. 지금 같이 가면 되잖아요."

"코로나 걸리면 보내줄게요. 지금은 갑례 씨만 가야 돼요."

"싫어요. 나도 갈 거예요."

급한 상황이다. 이미 환자 네 분이 구급차를 타고 기다리고 있어서 지체할 시간이 없다. 여기서 끝장을 봐야지 더 이상 진짜니, 가짜니 인정사정 봐 줄 수 없다.

"순진 씨! 이 사람 가짜라고요. 가짜! 진짜 엄마는 죽었잖아요! 이십 년 전에!"

순진 씨도 단호했다.

"엄마가 다시 온 거라고요! 나 위해서 다시 온 거라고요!"

설득이 안 된다. 질질 끌 시간이 없다.

"이분은 가짜 엄마예요. 가짜! 순진 씨 엄마 아니라고요! 당신 엄마는 죽었다고요! 정신 차리세요!"

"뭘 정신 차려요! 원장님이나 정신 차려요!"

나도 막 나갔다.

"순진 씨! 당신 망상이야! 망상이라고! 당신 엄마 죽었어! 죽었다고!"

순진 씨도 지지 않고 소리쳤다.

"아니에요! 여기 있잖아요! 원장님이 미쳤어요!"

순진 씨가 울 듯 말 듯 하면서 나를 노려본다. 왜 우리 엄마 아니라고 하고, 왜 엄마를 어디로 데려가려고 하냐는 듯하다. 지금 헤어지면 다시는 엄마를 못 본다는 불안한 눈빛이었다. 이걸 어쩌나. 지금 출발해야 하는데…. 시간이 촉박했고 나는 점점 화가 났다.

그때였다. 옆에 있던 가짜 엄마가 상황이 심각하다고 느꼈는지 한마디 한다.

"순진아, 괜찮아. 걱정하지 마. 엄마 금방 갔다 올게!"

뭐? 엄마? 엄마라는 말에 머리가 터져버려서 꽥 하고 소리를 쳤다.

"아니, 뭐가 엄마야! 당신이 왜 엄마야! 당신 결혼도 안 했잖아! 이 가짜 엄마야!"

내가 소리치자, 갑례 씨도 놀랐는지 눈만 껌뻑거린다.

어휴, 정말…. 내가 미치겠네….

* * *

겨우 설득해서 가짜 엄마는 격리 병원으로 갔다. 열흘 후에 가짜 엄마는 건강하게 돌아왔고 순진 씨는 엄마가 죽었다 살아난 듯 좋아하면서 고생하지 않았는지 물으며 살핀다. 옆에서 모녀 상봉을 지켜보던 간호사가 한마디 한다.

"나도 저런 딸 하나 있으면 좋겠당."

그래, 내가 뭘 어쩌겠나. 엄마랑 같이 살겠다는데. 그래, 순진 씨는 좋겠다. 매일 엄마랑 같이 밥 먹을 수 있어서. 엄마랑 이야기할 수 있어서. 엄마 밥숟가락에 반찬 얹어 줄 수 있어서. 엄마랑 드라마 보면서 히히덕거릴 수 있어서. 엄마 머리 빗겨 줄 수 있어서, 엄마 손발 주물러 줄 수 있어서. 엄마 살냄새를 맡을 수 있어서, 엄마, 엄마 부를 수 있어서, 엄마와 마주 보고 웃을 수 있어서.

그래, 순진 씨는 엄마가 있어서 좋겠다.

* * *

결국 순진 씨는 퇴원했다. 엄마랑 같이 퇴원하겠다는 것을 언니들이 말렸다. 엄마는 몸이 안 좋아서 병원에 있어야 한다고 설득해서 순진 씨만 퇴원했다.

순진 씨는 한 달에 한 번 외래 진료 받으러 온다. 올 때마다 엄마 면회 안 되냐고 졸라댄다. 물론 면회시키지 않는다. 처음에는 안타까움에 면회를 허락했더니 가짜 엄마한테 십만 원씩 몰래 주고 갔다. 이를 가족들이 알고 면회를 금지시켜달라고 했다. 그래, 계속 면회를 시켜주는 나도 문제지. 면회를 금지시켰다. 매번 외래에 와서 엄마 면회 안 되냐고 애원하지만 예전같이 졸라대지는 않는다. 증상이 조금 나아지니 엄마에 대한 사랑도 좀 식었나 보다.

그날도 순진 씨는 엄마 면회를 요구했고 나는 안 된다고 했다. 그러자 손에 들고 있던 검은 비닐봉지를 내게 건네면서 자기 대신 엄마에게 전해 달라고 한다. 안에는 바나나가 들어있다. 다음부터 이런 것도 갖고 오지 말라고 하면서 전달해 주겠다고 했다. 순진 씨가 나를 빤히 쳐다보면서 웃으며 말한다.

"원장님은 참 좋으신 분이세요."

"아, 네, 고마워요."

순진 씨가 덧붙인다.

"그런데 우리 아버지 닮은 것 같아요."

"네? 순진 씨 아버지를요?"

"네. 그런데 원장님, 혹시 우리 아버지 아니에요?"

"네? 아버지요?"

"네. 우리 아버지요. 그런 것 같은데요?"

헐! 나를 아버지 삼을라! 급히 손사래를 치면서 말했다.

"아뇨, 아닙니다. 나, 순진 씨 아버지 아닙니다. 절대 아닙니다!"

순진 씨가 갸우뚱하는 표정으로 가만히 나를 쳐다본다. 나는 놀라서 다시 손사래 쳤다.

"아닙니다. 절대 아닙니다. 순진 씨 아버지 아닙니다!"

그래도 순진 씨 같은 딸 하나 있으면 좋겠다. 늘그막에 대접받고 살 테니.

쓸모없는 인간

 선이 씨는 30대 중반의 조현병 여자 환자다. 이 환자는 자신의 모든 행동을 이분법적으로 본다. 그녀의 이분법은 '죄와 벌', '선과 악'이다. 자신의 행동이나 생각이 '선한 것'인지, '악한 것'인지에 집착하고 '벌'을 받을지 말지를 고민한다. 회진 돌 때 그녀가 양미간을 찡그리고 있으면 뭔가 죄를 짓고 벌을 받고 있다는 신호다.
 "오늘은 왜 그래요?"
 "매점에 가서 빵을 사 먹었는데 두 개를 먹었어요. 먹는 것에 욕심을 내는 것도 죄잖아요. 오늘 점심, 저녁은 안 먹으려고요. 벌을 받아야죠. 간호사님에게 이야기해 주세요. 선이가 밥 안 먹어도 뭐라고 하지 말라고요."

이런 날도 있다. 또 인상을 쓰고 있어서 상담실로 불렀다.

"제가 어제 원장님한테 약을 바꿔 달라고 했잖아요. 죄송해요. 선생님 마음이 불편하셨을 것 같아요. 사람을 불편하게 하면 그것도 나쁜 거잖아요. 죄송해요. 아무 약이나 주는 대로 다 먹을게요."

그녀는 자신을 돌아보고 '죄'가 아니라는 판단이 서면 '안심'하고 그렇지 않을 때 '두려움'에 빠진다. 두려움에 빠지면 스스로 자신을 처벌해야 편해진다. 밥을 안 먹거나, 말을 안 하거나, 스스로 독방에 가겠다고 고집을 부리기도 한다. 상담 시간에도 자신의 행동이 악이 아닌지, 벌을 받아야 하는지를 묻는 게 전부다.

그녀는 머릿속에 가혹한 재판관을 모시고 산다. 자기 행동 하나하나를 판단해서 죄를 묻고 벌을 내린다. 그러니 늘 불안하고 두렵다. 가혹한 재판관은 정신과적으로 보면 '병적인 초자아' 때문이다. 초자아는 '착하게 살아라', '좋은 사람이 돼라'와 같이 도덕과 윤리를 추구하고 이상적인 자신을 추구하는 정신 기능이다. 그러나 초자아도 너무 강하면 병이 된다. 내 안의 초자아가 너무 가혹하면 가벼운 실수에도 하루 종일 바보라고 구박하고, 남에게 살짝 민폐 끼쳐도 죄책감에 시달리고, 남보다 조금만 부족해도 심한 열등감에 허덕인다. 매일 자책과 자학이 번갈아 온다.

그녀는 매일 성경을 밑줄 치면서 열심히 읽는다. 열심히라기보다는 강박적으로 읽는다. 하루 종일 성경을 붙잡고 있으니 그렇지 않아도 강한 초자아가 더 강화될 수밖에 없다. 그래서 나는 성경 읽지 말라고 하는 사악한 의사가 될 수밖에 없다. 그래도 선이 씨는 꿋꿋하게 성경을 읽는다. 안 읽는 게 죄가 되기 때문이다.

그녀가 어떤 성경을 읽는지 힐끗 보았다. 그녀는 항상 구약 성경만 읽고 있다. 아무래도 구약에는 하나님이 벌주는 이야기가 많다. 그래서 선이 씨와 구약 반, 신약 반 읽기로 약속했다. 신약을 읽으면, "누가 이 여자에게 돌을 던지랴." 하신 예수님의 사랑이 그녀를 좀 편하게 만들어 주지 않을까 하는 마음으로 말이다.

* * *

죄와 벌만 이야기하던 선이 씨가 어느 날 이런 말을 한다.
"제가 인생의 목적에서 벗어난 것 같아요."

늘 하던 질문이 아닌 신선한 이야기라 호기심이 생겼다.
"네? 선이 씨는 삶에 목적이 있다고 생각해요?"
그녀가 진지하게 말한다.
"인간이 태어날 때 각자 어떤 목적을 갖고 태어나잖아요. 하나님이 그렇게 만드셨잖아요. 하나님이 내게 태어난 목적이 있다고 말씀하시잖아요. 그런데 저는 인생의 목적에서 벗어난 것 같아요."
그러고는 고개를 푹 숙인다.
"선이 씨는 무슨 목적이 있었는데요?"
"잘 모르지만, 선하게 살라는 게 저의 목적이 아닐까요? 하나님 말씀대로 살라고요. 그래서 남들의 모범이 되라고요. 그런데 제 생각에 제가 인생의 목적에서 벗어난 게 확실한 것 같아요. 저는 늘 죄를 저지르잖아요."
정말 인생에 목적이 있을까? 나도 한때 왜 사는지 처절하게 고민한 적이 있다. 젊은 시절에는 만나는 사람마다 왜 사는지 묻곤 했다. 정말 궁금해서다. 그래서 지금은 삶의 목적을 찾았나, 하면 물론 아니다. 그냥 살고 있을 뿐이다.
내가 물었다.
"선이 씨는 선하게 살라는 게 인생 목적인데 저는 인생의 목적이 뭘까요?"

선이 씨가 놀란 듯이 나를 쳐다본다. 그러고는 당연한 걸 모르고 있느냐는 듯이 말한다.

"어? 정신과 의사 돼서 환자 치료하는 거 아니에요?"

"아, 네…."

그리고 그녀가 시무룩하게 말한다.

"원장님은 인생 목적에 맞게 살고 있잖아요. 저는 아니잖아요. 쓸모없는 인간이 됐잖아요. 그러니 벌을 받아야죠."

그래, 선이 씨 말에 따르면 나는 환자를 치료하는 쓸모 있는 인간이었다. 그럼, 선이 씨 당신은? 정말로 쓸모없을까? 당신의 이야기를 듣고, 당신의 마음을 느끼고, 당신의 삶을 만나고 있는 나는…. 당신이 없으면, 당신이라는 삶이 없으면 나도 쓸모없어지는데….

실망은 있지만 절망은 없다

자기가 신이라고 하는 남자 환자가 있다. 그는 내게 늘 이렇게 말한다.

"제가 신으로 확인되어 세상 사람들이 다 알게 되는 날이 올 겁니다. 그날이 오면 신문이나 방송에서 대서특필할 겁니다."

어느 날, 그 날짜를 받았다고 내게 알려 준다.

"9월 24일입니다. 그날이 제가 신으로 알려지는 날이에요."

환자는 그날을 카운트 다운하면서 기다린다. 어김없이 그날은 왔지만, 세상은 조용하다. 그는 실망하지만 절망하지는 않는다. 그날의 면담은 또 이렇게 진행된다.

"아직 아니라고 하네요. 아직은 때가 아니라고요. 더 기다리라고 합니다. 다시 날짜를 받아 준대요. 빨리 그날이 와야 할 텐데요."

그는 다시 희망을 품는다. 전 인생을 건 희망, 절대 좌절하거나 포기하지 않을 희망을. 나는 그런 희망이 있기나 했었나.

* * *

60대 후반인 할머니 환자는 초등학교 때 남자 담임 선생님 목소리가 환청으로 들린다. 그 선생님은 산수 공부하라고 속삭인다. 그러면 할머니는 서너 시간씩 노트에 숫자를 이어서 쓴다. 매일.

할머니는 오늘도 침대에 꾸부리고 앉아서 숫자를 쓰고 있다. 노트를 봤더니 깨알 같은 숫자가 빽빽하다. '753,166', '753,167', 그리고 '753,168'까지 쓰고 있었다. 100만까지 쓰고 1부터 다시 쓴다. 많이 쓴 날은 선생님이 칭찬하고, 적게 쓴 날은 야단친다고 한다. 그녀는 초등학교 때 공부 못해서 선생님께 매일 혼났다고 한다. 그 공부 못한 한을 지금 푸는 건지, 아니면 그때 못했던 숙제를 지금 하고 있는 건지 모르겠다.

나도 죽을 때까지 해야 할 인생의 숙제가 있다면 좋겠다. 의심하지 않고, 지겨워하지 않고, 한눈팔지 않고, 눈치 보지 않고, 인생을 걸고 정성스럽게 몰입할 숙제가 있으면 좋겠다.

마지막 숨결

원내 방송에서 다급한 목소리가 터진다.
"3병동! 씨피알! 씨피알!"
동시에 내 핸드폰이 울린다.
"원장님! 빨리요!"
뭔 일이 터졌다. 방을 뛰쳐나가 3층까지 두 계단씩 밟으면서 뛰어올랐다. 누구지? 뭔 일이지? 죽었나? 살아있나? 병동 안으로 들어가니 다른 층 간호사들도 막 도착하고 있었다.
"뭐야? 어디야?"
"화장실 쪽이래요. 쓰러졌대요."
긴 복도 끝 화장실 쪽으로 뛰었다. 복도 끝에 환자들이 웅성

거리고 있었고 간호사 한 명이 앉아서 뭔가 하고 있다. 환자들을 헤치고 가니 여자 환자가 쓰러져 있다. 아, ○○ 님이구나!

그녀는 이름을 불러도 의식이 없다. 간호사가 환자 맥을 짚고 있다.

"안 잡히는 것 같아요. 숨도 안 쉬어요!"

"씨피알!" 소리치면서 나는 바로 환자 가슴에 두 손을 포개고 눌러대기 시작했다. 입안인지 귀인지 어디서인지 피가 흐르고 있다.

"피 닦아 봐!"

간호사가 피를 닦는다. 어디서 피가 나는 건지 왜 쓰러진 건지 모르겠다.

"어떻게 된 거야?"

"몰라요. 환자가 와서 누가 쓰러졌다고 이야기해서…. 보니까 이래요. 구급차로 이송할까요?"

"아니 119불러! 119가 더 빨라!"

나는 환자 가슴을 압박하면서 말했다.

"라인 잡아!"

땀 흘리는 나를 보고 보호사 선생님이 말했다.

"원장님 저랑 바꾸세요!"

교대했다. 그리고 나는 바로 인공호흡을 시작했다. 그녀의 턱을 들어올리고 코를 막고 양 볼을 눌러 입을 벌렸다. 그녀의 입술과 내 입술을 맞추고 나의 숨을 그녀의 입안으로 불어 넣었다. 깊게, 내 온 숨을 그녀의 입술 사이로 깊게 내뱉었다. 나의 숨결이 그녀의 숨결이 되고 나의 호흡이 그녀의 호흡이 되도록.

나는 그녀의 숨결에 집중했다. 간호사들이 분주히 움직이고, 이런 소리, 저런 액션으로 혼란스럽지만 그녀의 숨결을 붙잡고 있는 나는 이 상황이 고요한 느린 화면처럼 느껴졌다.

계속해서 그녀의 입으로 내 숨결을 불어넣었다.

후~~~ 훅~~~~!

후~~~ 훅~~~~!

그때였다. 깊게 숨을 불어 내는 순간, 맞닿은 입술 사이로 뭔가가 빠져나가는 느낌을 받았다. 뭔가가, 빠져나가는, 느낌. 나는 느꼈다. 그녀의 삶이 공기 속으로, 허공으로, 하늘로, 어디론가 빠져나갔다는 것을. 그래도 나는 그녀의 입술로 나의 숨을 불어 넣었다. 그런데 바로 전까지는 내 숨결이 그녀의 숨결이었건만, 더는 아니게 되었다. 내 숨결은 허망한 바람이 되어 흩어지고 있었다.

　　　　　　　　＊＊＊

　119가 오고, 대학병원으로 가고, 병원에 도착하자마자 응급의사가 사망 선고를 했다. 사인은 뇌출혈이 아닐까 추측만 할 뿐이었다. 그녀는 그렇게 삶을 마감했다

　그녀는 60대 후반의 조현병 환자다. 서울의 명문대를 졸업하고 결혼해서 딸 하나 낳고 살다가 원인 모르게 조현병에 걸렸다. 일 년에 두어 번 재발을 반복했고 견디지 못한 남편이 이혼하고 딸을 데리고 미국으로 떠났다. 그 후로 연락이 끊기고 남겨진 그녀를 여동생이 돌보고 있었다.

　그녀는 30년 동안 거의 대부분을 병원에서 지냈다. 약을 먹어도 재발을 반복하다 보니 동생에게 신세 지기 싫다고 스스로 병원에 있기를 희망했다.

　그 분은 안정적일 때는 정말 착하고 고운 분이었다. 자신보다 더 힘든 환자도 돌봐 주고 먹을 것도 나눠 주고 환자끼리 싸우면 중간에서 중재도 했다. 치료진도 잘 도와주고 배려심도 깊었다. 천성이 선한 분이셨다. 상담할 때, 그녀는 가끔 이런 말을 했다.

　"병이 다 나으면 언젠가 미국에 가서 딸을 한번 보고 싶어요…."

그녀는 딸을 가슴에 안고 그리워하면서 살았으리라. 돌아가시기 며칠 전에는 내게 이렇게 물었다.

"원장님, 내 인생이 왜 이럴까요? 저는 왜 이런 운명을 갖고 태어났을까요? 남들은 약 잘 먹으면 재발도 안 하고 그럭저럭 사는데 저는 어째 이럴까요?"

나는 별 대답을 할 수 없었다. 그러게요. 왜 당신 운명은 그랬을까요? 당신처럼 선한 사람이. 그녀는 정신병으로 30년을 살다가 내 숨결을 마지막으로 하늘나라로 갔다.

산다는 것은 뭘까?

그녀의 마지막 질문이 맴돈다.

"원장님, 저는 왜 이런 운명으로 태어났을까요?"

그러게 말이다. 산다는 게 뭘까? 나는 왜 지금 여기 대한민국에서, 우리 부모님 밑에서 태어났을까? 내가 선택한 건 아니리라. 시작부터 내 뜻과는 전혀 상관없이 삶이 벌어졌다. 이 세상에 나는 내동댕이쳐진 것이다. 그렇게 내 의지와 상관없이 세상에 나왔고, 그래도 내가 할 수 있을 만큼 애쓰면서 살아 간다.

하지만 인생은 뜻대로 되지 않는다. 내가 만난 많은 삶도 그랬다. 노력했지만 실패했고 사랑했지만 버림받고 간절히 원했지만 헛된 꿈이 되었다. 사람들은 말할지 모른다. 네 노력이 부족했다고, 다 네 탓이라고. 아니다. 그건 아니다. 성공의 결과로 노력의 가치를 결정하지 말자. 그것처럼 잔인한 판정이 어디 있나.

내가 어쩔 수 없는 삶이다. 내가 어쩔 수 없는 인연들이다. 선택하고 노력하고 애쓰지만 사랑과 이별, 성공과 실패, 우연과 필연 모두 언제나 내 손을 떠나있는 삶이다. 내 뜻과 무관하게 내동댕이쳐진 삶, 이 속에서 나는 무엇을 어떻게 해야 하나. 이 삶은 우연인가? 필연인가? 누가 알려주었으면 좋겠다. 내가 왜 이렇게 사는지를, 왜 살아야 하는지를.

이상한 나라에서 살고 있는 우리 환자들의 운명은 또 어떤가. 왜 이런 운명이었을까. 그가 잘못했을까, 그가 부족했을까, 왜 그런 운명에 처했을까? 그래도 그들은 살아간다. 모진 운명이라도 그들은 다시 살아간다. 자기만의 세상을 만들고 자기만의 사랑을 하고 자기만의 희망을 품고…. 운명이 어찌 됐든 그들은 자기만의 세상을 창조하며 그렇게 살아간다.

내가 어쩔 수 없는 인생…. 운명을 탓하지 말라고 한다. 인연을 탓하지 말라고 한다. 그럼 다 내 탓일까? 어찌 그럴 수 있을까. 다 내 탓이라고? 그래? 그럼 좋다. 다 내 탓이다. 그래! 다 내 탓이다! 그러니 내가 알아서 살련다. 내가 알아서 살면 그만 아닌가! 날 건드리지 마라. 아니, 날 건드려 봐라.

우리 인생, 바람에 휘날리는 나뭇잎 같은 삶이라고 한다. 그래도 그 속에서 나뭇잎은 춤출 거다. 그게 내 인생이다. 운명, 그까짓 것! 너 마음대로 해라. 나도 내 마음대로 하련다! 그래… 운명아 와라! 어서 와 봐라! 네가 봄바람의 운명이든 태풍의 운명이든 그 속에서 내 생명은 살아가리라. 내 너를 맞이하리라. 운명의 바람 속에서 춤춰 보리라. 신나게 춤춰 보리라. 기뻐서 춤추고 슬퍼서 춤추고, 웃으면서 춤추고 울면서 춤추리라.

그래, 그러자. 우리 다 같이 춤추자. 신나게 춤추자.

춤춰라, 인생아.

살아라, 생명이여.

천국도 빽 순입니다

 하느님 아들 만재 씨가 지구를 구하는 이야기를 한참 하다가 갑자기 내게 묻는다.

 "원장님은 내가 미친놈처럼 보여요?"

 우잉? 뭐라고 답하지? 아니라고 할 수도 없으니 솔직하게 말했다.

 "네…."

 만재 씨가 의외라는 표정으로 말한다.

 "어? 그래요? 그렇겠죠. 원장님 눈에는 내가 미친놈처럼 보이겠죠. 하느님 아들이라면서 돈도 없고 결혼도 못 하고 정신병원에 있으니까요. 원장님도 그렇게 생각하는 거죠?"

나는 또 대답한다.

"네…."

* * *

병실에 올라갔더니 땍땍이 수간호사가 비닐장갑을 끼고 하느님 아들, 만재 씨 두피에 약을 발라 주고 있다. 만재 씨는 지루성 두피염이 있어 피부 각질 같은 큰 비듬을 달고 산다. 수간호사는 미용사가 염색약 발라 주듯이 머리카락 사이사이에 정성스럽게 약을 바른다.

내가 수간호사에게 말했다.

"아니, 본인보고 바르라고 해요. 왜 발라 줘요?"

수간호사가 답한다.

"만재 씨는 대충대충 발라서 안 돼요. 효과가 없어요."

"아이고, 그렇다고 그렇게 정성스럽게 발라 줘요? 힘들게?"

그리고 만재 씨에게 약간 구박하듯 말했다.

"만재 씨! 머리 좀 감아요. 비듬이 그게 뭐예요. 수간호사가 지저분한 머리에 약을 발라 주잖아요. 하느님 아들이 어째 머리도 안 감아요!"

만재 씨가 변명하듯 말한다.

"머리 감아도 비듬이 생겨요. 지루성 피부염이래요."

만재 씨는 이 잡아 주는 어미 원숭이 옆에 얌전히 있는 새끼 원숭이 같았다. 그 모습을 보고 내가 말했다.

"수간호사님은 틀림없이 천국 가겠네요. 하느님 아들한테 좋은 일 하니까요. 만재 씨가 확실하게 수간호사님을 천국 보내 줘야겠네요."

이에 만재 씨가 대답한다.

"제가 하느님께 이야기 들은 게 있는데, 천국도 빽 순이래요."

내가 놀라서 물었다.

"엥? 천국도 빽 순이라고요?"

"네. 그래요."

"에이, 천국까지 빽으로 간다고요? 말도 안 돼요! 그럼 말세다, 말세."

"아니에요. 천국도 빽 순이래요. 누가 옆에서 저 사람 천국 보내 주세요, 하면 천국 갈 가능성이 더 높대요."

"정말요? 그러면 수간호사님은 하느님 아들 빽이니까 확실하게 천국 가시겠네."

약 발라 주면서 무심히 듣고 있던 땍땍이 수간호사가 한마디 한다.

"저는 천국, 그런 거 상관없어요."
"왜요?"
수간호사가 가볍게 말한다.
"저는 불교 믿어요."
아…. 네….

* * *

그날 오후 회진 도는데 만재 씨가 내게 조용히 다가왔다. 그리고 말을 건다.
"원장님 고마워요. 기분이 너무 좋아요."
"왜요? 갑자기."
만재 씨가 따뜻한 눈길로 나를 바라보며 말한다.
"아까 원장님이 수간호사한테 하느님 아들한테 잘하니까 천국 갈 수 있다고 했잖아요. 저를 하느님 아들로 봐주신 거잖아요. 그래서 정말 기분이 좋아요. 고마워요."
이런.
"아, 아니. 그게 아니고요. 그냥 농담으로…."
만재 씨가 입가에 미소를 띠면서 말한다.

"네. 괜찮아요. 그래도 저를 하느님 아들로 생각해 주신 거잖아요. 고마워요."

"아, 아니…. 그게 아니고, 만재 씨가 하도 하느님 아들이라고 하니까 저도 그냥 그런 거지요."

내 말을 듣는 둥 마는 둥 만재 씨는 나를 흐뭇하게 쳐다본다. 아이고, 그래. 당신이 기분 좋다면 좋은 거지. 난 잘못 없다.

에필로그

마지막 병실

나는 매일 이상한 나라로 출근한다.

그곳에는 특별한 사람들이 모여 살고 있다. 이소룡도 있고 하느님 아들도 있고 대통령 아들도 있다. 자기만의 세상 속에 살면서 때로 싸우고 부딪히기도 하지만 서로 돕고 정들면서 살아간다.

우리 병원 폐쇄병동에는 복도 끝에 4인용 병실이 있다. 넓은 창문으로 잘 가꾼 정원이 보이는 아늑한 병실이다. 창 쪽 침대는 햇살도 잘 든다. 가끔 나도 저기서 쉬고 싶다고 생각한다. 유독 피곤했던 어느 날, 오후 회진을 도는데 그 병실이 텅 비어있다. 환자들이 외출했는지 한 명도 없다. 햇살 좋은 침대가 눈에 들어온다. 침대에 눕고 싶어졌다. 의사 가운 입은 채로 빈 침대에 누웠다. 따뜻하다. 편안하다.

입원해서 여기서 한 일 년 정도 쉬고 싶다. 속세에서 벗어나서 세상과 단절된 채 여기서 지내고 싶다. 세상사 스트레스에서 벗어나고 사람에 치이지도 않고, 이거 해야지 저거 해야지 하는 부담감도 없이, 세 끼 주는 밥 먹고, 책이나 읽고 음악이나 들으면서 편안하게 있고 싶다. 아무도 나한테 뭐라 할 사람도 없고. 침대에 누우니 편안하네. 아, 좋다.

그리고 깜빡 잠이 들었다.

* * *

누가 나를 깨웠나. 가벼운 몸의 흔들림에 눈을 떴다. 여기가 어디지? 내 얼굴 가까이 환자 얼굴이 들어온다.

"원장님, 여기서 뭐 하세요?"

….

아…, 모든 게 아련한 꿈이었을까….

….

그래, 저 바깥세상이 더 힘든 것 같다. 뒤처지지 않으려 애쓰고 치열하게 경쟁하고 해야 할 일도 많고. 속고 속이고. 그렇게 정신없이 살지만…. 왜? 도대체 뭘 위해서 그러는 것일까? 재미도 없고, 평온도 없고, 낭만도 없고, 정도 없다. 여기는 그래도 순수하고 정이라도 있지. 저 바깥세상은 뭘까? 어쩌면 멀쩡하다는 사람들이 정신없이 살아가는 거대한 병동이 아닐까.

아, 퇴근 시간이네.

나는 매일 이상한 나라로 퇴근한다.

명랑한 정신과

초판 1쇄 발행 2025년 12월 17일
초판 2쇄 발행 2025년 12월 31일

지은이	윤우상
펴낸이	박영미
펴낸곳	포르체

책임편집	유나
마케팅	정은주 민재영
디자인	황규성

출판신고	2020년 7월 20일 제2020-000103호
전화	02-6083-0128
팩스	02-6008-0126
이메일	porchetogo@gmail.com
인스타그램	porche_book

ⓒ 윤우상(저작권자와 맺은 특약에 따라 검인을 생략합니다.)
ISBN 979-11-94634-66-9 (03810)

- 이 책은 저작권법에 따라 보호받는 저작물이므로 무단전재와 무단복제를 금지하며, 이 책 내용의 전부 또는 일부를 이용하려면 반드시 저작권자와 포르체의 서면 동의를 받아야 합니다.
- 이 책의 국립중앙도서관 출판시도서목록은 서지정보유통지원시스템 홈페이지 (http://seoji.nl.go.kr)와 국가자료공동 목록시스템(http://www.nl.go.kr/kolisnet)에서 이용하실 수 있습니다.
- 잘못된 책은 구입하신 서점에서 바꿔드립니다.
- 책값은 뒤표지에 있습니다.

여러분의 소중한 원고를 보내주세요.
porchetogo@gmail.com